LIBRAIRIE D'ARTHUS BERTRAND, A PARIS.

VOYAGE

DANS

LA RÉGENCE D'ALGER,

OU

DESCRIPTION

DU PAYS OCCUPÉ PAR L'ARMÉE FRANÇAISE

EN AFRIQUE;

CONTENANT DES OBSERVATIONS SUR LA GÉOGRAPHIE PHYSIQUE, LA GÉOLOGIE, LA MÉTÉOROLOGIE, L'HISTOIRE NATURELLE, ETC.,

suivies

DE DÉTAILS SUR LE COMMERCE, L'AGRICULTURE, LES SCIENCES ET LES ARTS, LES MOEURS, LES COUTUMES ET LES USAGES DES HABITANS DE LA RÉGENCE, DE L'HISTOIRE DE SON GOUVERNEMENT, DE LA DESCRIPTION COMPLÈTE DU TERRITOIRE, D'UN PLAN DE COLONISATION, ETC.;

PAR M. ROZET,

Capitaine au Corps royal d'État-Major, attaché à l'armée d'Afrique comme Ingénieur-Géographe, Membre de la Société d'Histoire naturelle et de la Société géologique de France.

TROIS VOLUMES IN-8°,

ACCOMPAGNÉS D'UN ATLAS GRAND IN-4°,

Contenant 30 planches environ, composé de carte, vues, figures et planches, représentant les costumes, meubles, instrumens, armes, etc., dont une partie coloriée.

PROSPECTUS.
Février 1833.

La cruauté des différentes peuplades qui habitent cette portion de l'Afrique comprise entre les Monts Atlas et la mer Méditerranée, et la défiance des despotes sanguinaires qui régnaient sur cette belle contrée, ont, jusqu'à ces derniers temps, empêché les observateurs de pouvoir la visiter et la décrire comme tant d'autres parties du monde, qui sont cependant beaucoup plus éloignées de l'Europe.

Tous les voyageurs qui ont pénétré dans les États barbaresques ont très peu vu par eux-mêmes, et c'est d'après les récits d'hommes, dont ils comprenaient mal le langage, et dont le moindre défaut est de mentir, qu'ils ont composé leurs livres. Quelques captifs, qui n'avaient jamais perdu de vue les murailles d'Alger, en racontant les maux qu'ils avaient soufferts et tout ce qu'ils avaient vu dans ce repaire de pirates, ont donné la description de toute la Régence, comme s'ils en eussent visité les différentes parties. Les consuls des puissances chrétiennes, résidans en Barbarie, ont aussi publié plusieurs ouvrages sur cette contrée ; mais, ou ils se sont bornés à décrire les villes dans lesquelles ils vivaient, ou ce qu'ils ont dit sur le reste du pays est très inexact. Enfin, après le succès de l'expédition, envoyée par Charles X pour détruire des pirates qui, depuis trois siècles, imposaient des lois à l'Europe entière, on a vu paraître une foule de mémoires et même des ouvrages complets sur la Régence, écrits par des hommes qui n'étaient restés que deux mois en Afrique et qui n'avaient visité que le terrain compris entre Sydi-Efroudj et Alger.

M. Rozet, connu par ses travaux géologiques, était attaché à l'état-major général de l'armée d'Afrique comme ingénieur-géographe. Après avoir assisté à la prise d'Alger, il est resté près de deux ans sur les bords africains, continuellement occupé de travaux topographiques, dont l'exécution l'a mis à même de faire de nombreuses observations sur tout le pays qu'il a parcouru. Il a suivi l'armée dans ses différentes expéditions autour d'Alger et au delà du petit Atlas, qu'il a traversé trois fois. Envoyé ensuite à Oran, pour faire la topographie des environs de cette ville, il en a exploré le territoire jusqu'à une grande distance, et indépendamment d'observations sur toutes les parties de l'histoire naturelle, il a pu recueillir beaucoup de notions sur l'industrie et les mœurs des tribus nomades qui l'habitent. Enfin, aux faits observés par lui-même, l'auteur a joint un grand nombre de renseignemens, qui lui ont été donnés par les habitans du pays, sur les parties dans lesquelles il n'a pas pu pénétrer.

C'est avec de tels matériaux qu'ont été composés les trois volumes que nous annonçons aujourd'hui, et dont voici une analyse succincte.

M. Rozet transporte d'abord son lecteur sur quelques uns des points culminans du pays dont il va l'entretenir, afin de lui en donner une idée générale : il lui fait remarquer tout ce qui frappe les yeux au premier abord ; les montagnes, les plaines, les grands cours d'eau et les villes. Ensuite, il entreprend la description physique des contrées qu'il a visitées, ce qui le force à parler du système général des eaux et des bassins des principales rivières. A la géographie physique succède la météorologie : des tableaux dressés avec le plus grand soin donnent pour treize mois, jour par jour et cinq fois par jour, les hauteurs du baromètre et du thermomètre, la direction du vent, l'état du ciel et celui de la mer. Ces tableaux sont suivis d'un résumé dans lequel toutes les observations ont été discutées, ce qui a conduit à des résultats de la plus grande importance pour la connaissance du climat.

La géologie, science favorite de l'auteur, a été traitée avec beaucoup de développemens ; toutes les roches qui entrent dans la composition du sol sont décrites ; il dit quelle influence chacune exerce sur la végétation, de quelle utilité elles peuvent être dans les arts, quelles sont les substances minérales qu'elles renferment et à quoi elles sont employées par les habitans. D'après la connaissance parfaite de la constitution géognostique du terrain, il indique les localités où on pourrait sonder, avec quelques chances de succès, pour obtenir du charbon de terre et des sources jaillissantes, qui seraient de la plus grande utilité pour la nouvelle colonie.

La botanique succède à la géologie ; après avoir montré les rapports qui existent entre la végétation des États algériens et celle de la France, M. Rozet énumère les principales espèces végétales qui croissent naturellement ; ensuite, il passe aux plantes et aux arbres cultivés dans les jardins et les champs, puis il donne des notions générales sur l'agriculture.

Le règne animal a été étudié dans toutes ses branches, depuis les zoophytes jusqu'à l'homme. Des collections nombreuses envoyées au Musée de Strasbourg ont été scrupuleusement examinées par les professeurs de ce bel établissement, et particulièrement par M. Duvernoy. M. Michaud s'est chargé de la détermination des coquilles, parmi lesquelles il a trouvé plusieurs espèces nouvelles. Les batraciens sont presque tous nouveaux. Il y a aussi une seconde espèce du genre Macrocélide, dont on ne connaissait encore qu'une seule. L'histoire des animaux domestiques fait suite à celle des animaux sauvages ; ceux qui servent aux travaux de l'agriculture, aux transports et aux voyages ont particulièrement attiré l'attention de l'auteur.

L'espèce humaine, dont l'histoire forme le second volume tout entier, comprend sept groupes ou variétés d'hommes : les *Berberes*, les *Maures*, les *Nègres*, les *Arabes*, les *Juifs*, les *Turcs* et les *Koulouglis*. La description de chaque groupe fait l'objet d'un chapitre, dans lequel sont rapportés les principaux caractères physiques, les mœurs et coutumes, la manière de vivre et de s'habiller, la religion, l'instruction, l'agriculture, l'industrie et le commerce. Ce volume est terminé par l'exposé des principales maladies qui règnent sur la côte d'Afrique, et les moyens barbares que les naturels emploient pour les guérir.

Le troisième est consacré à la description du pays considéré dans son ensemble. Les villes que l'auteur a visitées sont décrites dans le plus grand détail ; il donne la force de leur population, ses coutumes et usages particuliers, son industrie, son commerce et le degré de son instruction. Il dit quels sont les objets que chacune exporte, ceux qu'elle reçoit et ceux qu'il serait avantageux d'y envoyer. Avant de parler du commerce d'Alger, il fait l'énumération de toutes les monnaies, ainsi que des poids et mesures, qui sont ceux dont on se sert dans toute la Régence, en les comparant à ceux de France.

L'histoire du gouvernement algérien présente une foule de

faits curieux entièrement inconnus, et dont le récit est d'un grand intérêt. La force de l'armée, celle de la marine, les revenus et les autres ressources de l'Etat, sont basés sur des données exactes, et que l'on n'avait pu avoir avant la prise d'Alger.

Enfin, de la connaissance parfaite des localités, de leurs ressources et du caractère des habitans, l'auteur déduit un plan de colonisation qui consiste à s'emparer de plusieurs points le long de la côte seulement, d'y envoyer des forces militaires assez considérables pour défendre une certaine étendue de terrain dans laquelle s'établiront les cultivateurs, et dont on agrandira le rayon à mesure qu'il sera nécessaire. De cette manière, on finira par avoir, sur le bord de la mer, une bande colonisée dont les différentes parties communiqueront facilement les unes avec les autres, et qui s'étendra dans l'intérieur des terres au fur et à mesure que sa population augmentera.

L'Atlas donne la carte topographique du pays, les coutumes des habitans, les principaux points de vue, les édifices remarquables, toutes les espèces de monnaies, les armes, les outils et la poterie.

Cet Ouvrage, celui d'un homme habitué à observer la nature, et qui a tout vu par lui-même, ne peut manquer d'intéresser vivement le public, dans un moment où la France fait de si grands sacrifices pour conserver une des plus belles conquêtes qu'elle ait jamais faites, et y établir une puissante colonie.

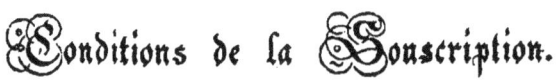

Conditions de la Souscription.

L'Ouvrage sera divisé en trois livraisons qui paraîtront de mois en mois, à partir du 1er Mars 1833.

Chaque livraison se composera d'un volume de texte, broché, avec couverture imprimée sur papier de couleur, et d'une partie de l'Atlas, 10 planches, renfermées dans une couverture également imprimée.

PRIX DE CHAQUE LIVRAISON.

PAPIER ORDINAIRE. 11 fr.
PAPIER VÉLIN, satiné, doubles figures tirées sur papier de Chine. 25

On souscrit, sans rien payer d'avance,

A PARIS,

CHEZ ARTHUS BERTRAND, LIBRAIRE-ÉDITEUR,

RUE HAUTEFEUILLE, N° 23.

AUTRES OUVRAGES SUR L'AFRIQUE,

QUI SE TROUVENT CHEZ LE MÊME LIBRAIRE.

RELATION DE LA GUERRE D'AFRIQUE, pendant les années 1830 et 1831, par M. Rozet, capitaine d'État-Major, 2 vol. in-8°, avec carte. . . . . 12 f.

VOYAGES ET DÉCOUVERTES DANS LE NORD ET DANS LES PARTIES CENTRALES DE L'AFRIQUE, au travers du grand désert, depuis Kouka jusqu'à Sackatou, exécutés, pendant les années 1822, 1823 et 1824, par le major Denham, le capitaine Clapperton, et feu le docteur Oudney; traduits de l'anglais par MM. Eyriès et de la Renaudière; 3 vol. in-8, avec un atlas grand in-4°. 33

SECOND VOYAGE DANS L'INTÉRIEUR DE L'AFRIQUE, depuis le golfe de Benin jusqu'à Sackatou, par le capitaine Clapperton, pendant les années 1825, 1826 et 1827, suivi du voyage de Richard Lander de Kano à la côte maritime; traduit de l'anglais par les mêmes; 2 vol. in-8° ornés du portrait de Clapperton et de deux cartes gravées par Tardieu. 14

JOURNAL D'UNE EXPÉDITION entreprise dans le but d'explorer le cours et l'embouchure du Niger, ou relation d'un voyage sur cette rivière, depuis Yaourie jusqu'à son embouchure; par Richard et John Lander; traduit de l'anglais par Madame L. Sw. Belloc. 3 vol. in-8° ornés de cartes et figures. 18 f.

VOYAGE AU CONGO ET DANS L'AFRIQUE ÉQUINOXIALE, fait pendant les années 1828, 1829 et 1830; par M. Douville; 3 vol. in-8°, avec un atlas grand in-4°.......... 30

JOURNAL D'UN VOYAGE à Tombouctou et à Jenné, dans l'Afrique centrale, pendant les années 1825 à 1828, par R. Caillié; suivi de remarques géographiques par M. Jomard; 3 vol. in-8°, avec un atlas grand in-4°. 35

VOYAGE DANS L'INTÉRIEUR DE L'AFRIQUE, aux sources du Sénégal et de la Gambie, fait par ordre du gouvernement français; par M. Mollien, auteur du Voyage dans la république de Colombia; 2ᵉ édition, revue et augmentée; 2 vol. in-8°, cartes et gravures.................................. 14

RECHERCHES GÉOGRAPHIQUES sur l'intérieur de l'Afrique septentrionale, comprenant l'histoire des voyages entrepris ou exécutés jusqu'à ce jour pour pénétrer dans l'intérieur du Soudan; l'exposition des systèmes géographiques formés sur cette contrée, l'analyse des divers itinéraires arabes pour déterminer la position de Tombouctou, et l'examen des connaissances des anciens sur l'Afrique; suivies d'un appendice traduit par M. le baron Sylvestre de Sacy et M. de la Porte; par Walckenaer, de l'Institut; 1 fort vol. in-8°, avec une grande carte. Imprimerie de Firmin Didot................ 9

VOYAGE DANS LES QUATRE PRINCIPALES ILES DES MERS D'AFRIQUE, fait par ordre du gouvernement, pendant les années 1801 et 1802, avec l'histoire de la traversée du capitaine Baudin jusqu'au port Louis de l'île Maurice; par J.-B.-G.-M. Bory de Saint-Vincent; 3 vol. in-8°, avec un atlas in-4° de 58 planches. 48

HISTOIRE COMPLÈTE DES DÉCOUVERTES ET VOYAGES faits en Afrique depuis les siècles les plus reculés jusqu'à nos jours, accompagnée d'un précis géographique sur ce continent et les îles qui l'environnent, de notices étendues sur l'état physique, moral et politique des divers peuples qui l'habitent, et d'un tableau de son histoire naturelle; par le docteur Leyden et Murray; traduite de l'anglais par M. Cuvillier; 4 vol. in-8°, avec un atlas de cartes géographiques. 30

OUVRAGES DE M. LESSON.

HISTOIRE NATURELLE DES OISEAUX-MOUCHES, un volume in-8°, grand-raisin, accompagné de 86 planches dessinées et gravées par les meilleurs artistes, tirées en couleur et terminées au pinceau avec le plus grand soin.............. 85 f.

HISTOIRE NATURELLE DES COLIBRIS, suivie d'un Supplément à l'Histoire naturelle des Oiseaux-Mouches, un volume in-8°, grand-raisin, accompagné de 66 planches dessinées et gravées par les meilleurs artistes, tirées en couleur et terminées au pinceau avec le plus grand soin................ 65

HISTOIRE NATURELLE DES TROCHILIDÉES, suivie d'un INDEX GÉNÉRAL dans lequel sont décrites et classées méthodiquement toutes les races et espèces du genre TROCHILUS, un volume in-8°, grand-raisin, accompagné de 66 planches dessinées et gravées par les meilleurs artistes, tirées en couleur et terminées au pinceau avec le plus grand soin................ 70

NOTA. *Chacun de ces trois Ouvrages, quoique dépendans l'un de l'autre, est tout à fait complet pour la partie qu'il traite, et se vend séparément.*

HISTOIRE NATURELLE DES OISEAUX DE PARADIS, des Séricules et des Épimaques, un volume in-8°, grand-raisin, accompagné de 45 planches environ, dessinées et gravées par les meilleurs artistes, tirées en couleur et terminées au pinceau avec le plus grand soin...................... 60

ILLUSTRATIONS DE ZOOLOGIE, ou choix de figures peintes d'après nature, des espèces nouvelles et rares d'animaux récemment découvertes et accompagnées d'un texte descriptif général et particulier, ouvrage servant de complément aux Traités généraux ou spéciaux publiés sur l'histoire naturelle et destiné à les tenir au courant des nouvelles découvertes et des progrès de la science, orné de 60 planches par volume in-8°, grand-raisin, dessinées et gravées par les meilleurs artistes, tirées en couleur et terminées au pinceau avec le plus grand soin. Chaque volume.................................. 65

NOTA. Le Prospectus de chacun de ces ouvrages se distribue.

IMPRIMERIE DE Mme HUZARD (NÉE VALLAT LA CHAPELLE),
Rue de l'Éperon, n° 7.

VOYAGE

DANS

LA RÉGENCE D'ALGER.

IMPRIMERIE
DE MADAME HUZARD (née VALLAT LA CHAPELLE),
Rue de l'Éperon, n° 7.

VOYAGE

DANS

LA RÉGENCE D'ALGER,

OU

DESCRIPTION

DU PAYS OCCUPÉ PAR L'ARMÉE FRANÇAISE

EN AFRIQUE;

CONTENANT

DES OBSERVATIONS SUR LA GÉOGRAPHIE PHYSIQUE, LA GÉOLOGIE,
LA MÉTÉOROLOGIE, L'HISTOIRE NATURELLE, ETC.

suivies

DE DÉTAILS SUR LE COMMERCE, L'AGRICULTURE, LES SCIENCES ET LES ARTS,
LES MOEURS, LES COUTUMES ET LES USAGES DES HABITANS DE LA RÉGENCE,
DE L'HISTOIRE DE SON GOUVERNEMENT, DE LA DESCRIPTION COMPLÈTE
DU TERRITOIRE, D'UN PLAN DE COLONISATION, ETC.;

Par M. ROZET,

CAPITAINE AU CORPS ROYAL D'ÉTAT-MAJOR,

Attaché à l'Armée d'Afrique comme Ingénieur-Géographe, Membre de la Société d'Histoire
naturelle et de la Société géologique de France.

TOME PREMIER.

PARIS,

ARTHUS BERTRAND, LIBRAIRE-ÉDITEUR,

RUE HAUTEFEUILLE, N° 23.

1833.

Avertissement de l'Auteur.

Les personnes qui ont lu ma Relation de la Guerre d'Afrique seront, sans doute, fort surprises de voir les mêmes noms écrits différemment dans mes deux Ouvrages ; en voici l'explication :

J'avais rédigé l'Histoire de la Guerre pendant que j'étais à Alger, et je l'ai publiée immédiatement après mon retour en France. Depuis, M. Cossin de Perceval, ayant été appelé au Dépôt de la Guerre pour revoir l'orthographe de tous les noms à écrire sur les Cartes topographiques des environs d'Alger et d'Oran, y a fait de grands changemens auxquels j'ai dû avoir égard. En outre, M. Clément-Mullet, très instruit dans les langues orientales, a bien voulu revoir avec moi les épreuves de mon Voyage, et corriger l'orthographe des mots arabes que M. de Perceval n'avait pas vus.

PRÉFACE.

La barbarie des différentes peuplades qui habitent la portion du continent africain comprise entre l'Atlas et la mer Méditerranée, jointe à la défiance des despotes sanguinaires qui régnaient sur cette belle contrée, a empêché, jusqu'à ces derniers temps, les observateurs de pouvoir la visiter et la décrire comme tant d'autres parties du monde, qui sont cependant beaucoup plus éloignées de l'Europe.

Presque tous les voyageurs qui ont pu pénétrer dans les États barbaresques ont très peu vu par eux-mêmes; et c'est d'après les récits d'hommes dont ils comprenaient mal le langage, et dont le moindre défaut est de mentir, qu'ils ont composé leurs livres. Quelques captifs qui n'avaient jamais perdu de vue les murailles d'Alger, en racontant les maux qu'ils avaient soufferts et tout ce qu'ils avaient vu dans ce repaire de pirates, se sont crus obligés d'y joindre la description de toute la régence, comme s'ils en eussent visité les différentes parties. Les consuls européens, résidans en Barbarie, ont aussi publié plusieurs ouvrages sur cette contrée ; mais, ou ils se sont bornés à décrire les villes dans lesquelles ils vivaient, ou ce qu'ils ont dit sur le reste du pays est très inexact. Enfin, après le succès de la grande expédition envoyée par Charles X pour détruire des pirates qui, depuis trois siècles, faisaient la terreur des nations civilisées, on a vu paraître beaucoup de mémoires et même des ouvrages complets sur toute la régence, écrits par des hommes qui n'étaient restés que deux mois en Afrique et qui n'ont parcouru que le chemin de Sydi-Efroudj à Alger, et d'autres enfin qui ne sont jamais sortis de Paris.

J'ai eu l'honneur de faire partie de l'armée d'Afrique, comme ingénieur-géographe attaché à l'état-major général de cette vaillante armée, en outre l'avantage de rester pendant seize mois dans la contrée et de me trouver à presque toutes les expéditions qui ont eu lieu dans l'intérieur des terres. Habitué à observer la nature, j'ai mis tous mes instans à profit : je ne voyageais jamais sans un calepin et une écritoire dans la basque de mon habit, et toutes les fois que je pouvais m'arrêter pendant une demi-heure, j'écrivais tout ce que j'avais vu depuis la dernière station. De cette manière, j'ai recueilli un grand nombre de notes très exactes, mais dans lesquelles il se trouvait cependant encore beaucoup de choses que je ne comprenais pas; je m'adressais alors aux interprètes de l'armée, dont je contrôlais les versions les unes par les autres.

Je me faisais souvent aussi accompagner par un Juif algérien (Salmon), parlant très bien français, qui avait beaucoup voyagé dans la Barbarie, et dont le plus grand mérite était une bonne foi à toute épreuve, ce qui est extrêmement rare chez les Israélites d'Alger.

Salmon répondait aux questions que je lui adressais, et quand il ne savait pas ce que je lui demandais, nous allions ensemble interroger plusieurs naturels, dont la concordance et la divergence des réponses fixaient mon opinion. Non seulement Salmon m'accompagnait, mais encore quand il avait découvert quelque chose il venait m'en avertir, et nous allions l'étudier ensemble. Il m'a donné des renseignemens sur toutes les parties de la régence qu'il a visitées, et dans plusieurs desquelles je suis allé après : toujours j'ai eu la satisfaction de reconnaître l'exactitude de ce qu'il m'avait dit, et c'est ce qui m'a engagé à parler, d'après lui, de plusieurs villes que je n'ai pas vues; mais, dans la narration, j'aurai bien soin d'en avertir le lecteur; car mon but est de ne donner ici que les observations que j'ai faites moi-même, et de l'exactitude desquelles je puis répondre. C'est aussi d'après les récits de Salmon, contrôlés par ceux de quelques autres personnes, que j'ai pu connaître certaines particularités sur les mœurs des différentes variétés d'hommes qui vivent dans les États algériens, et que j'ai fait, en grande partie, l'histoire du gouvernement despotique qui les opprimait.

Je parle de tout dans mon Ouvrage, et l'on pourrait croire, d'après cela, que je suis assez instruit pour parler de tout; mais il n'en est point ainsi : je connais quelques unes des branches de l'histoire naturelle, et il y a beaucoup de choses que tout observateur peut comprendre chez les peuples qu'il visite, sans les avoir spécialement étudiées auparavant.

Pour les connaissances qui me manquent, j'ai eu recours à ceux qui les possèdent : les animaux que j'ai recueillis ont été envoyés au Muséum de Strasbourg, où les professeurs de ce bel établissement, et particulièrement M. Duvernoy, ont bien voulu prendre la peine de les déterminer et de m'envoyer ensuite les noms des différentes espèces; quant aux habitudes, je les ai observées moi-même.

Pour les végétaux, je me suis servi des travaux de plusieurs officiers de santé attachés à l'armée et du bel ouvrage de M. Desfontaines; enfin, le célèbre docteur Mougeot, des Vosges, a revu tout ce que j'ai écrit sur la botanique.

Les dessins qui composent l'atlas ont été pris sur les lieux mêmes par M. de Prébois, officier d'état-major, et moi. Les costumes ont été peints à l'aquarelle, et sous mes yeux, par un artiste italien qui les faisait avec beaucoup de talent.

PRÉFACE.

Mon Ouvrage est composé d'un atlas et de trois volumes de texte : le premier renferme toutes les branches de l'histoire naturelle, la géographie physique et les observations météorologiques que nous avons faites à l'observatoire d'Alger et dans les différentes contrées où nous sommes restés pendant quelque temps.

Le second est consacré à l'histoire des sept groupes ou variétés de l'espèce humaine que j'ai distingués parmi les habitans de la Barbarie, à l'exposé de leurs mœurs et coutumes et des diverses maladies qui les affligent.

Dans le troisième, je fais la description du pays que nous avons parcouru : je parle de la population des villes, je dis quelles sont leurs ressources, leur industrie, et ce qu'il y a de particulier dans les mœurs et les coutumes des habitans pour chacune d'elles. Après avoir décrit le pays dans les plus grands détails, je donne l'histoire du gouvernement despotique qui l'a tyrannisé pendant si longtemps. Enfin, je termine par l'exposé de mes idées sur les avantages que présente la conquête pour y former une colonie florissante, et je propose les moyens qui me semblent les plus efficaces pour y parvenir.

Mes écrits ont toujours eu, et auront toujours pour but la découverte de la vérité et les progrès des connaissances humaines; tout homme est susceptible de se tromper, et surtout quand il entreprend une tâche aussi difficile que la mienne. Ces volumes renferment certainement beaucoup d'erreurs, dont j'aurais peut-être pu corriger quelques unes en les travaillant davantage; mais on se fatigue à revoir si souvent la même chose, et pour vouloir trop bien faire on ne fait quelquefois rien du tout. Je me décide donc à les livrer au public tels qu'ils sont, et j'engage les personnes qui s'apercevront des fautes que j'ai commises, surtout celles qui habitent maintenant nos possessions d'Afrique, à m'en faire part, afin que je puisse les corriger, si cet ouvrage obtient jamais l'honneur d'une seconde édition.

Gérardmer (Vosges), le 15 septembre 1832.

VOYAGE

DANS

LA RÉGENCE D'ALGER.

J'ai dit ailleurs (1) les exploits de l'armée d'Afrique, et j'ai fait connaître ce qui s'est passé dans les relations des soldats français avec les peuples des contrées qu'ils ont occupées ou traversées en vainqueurs. Je vais ici rendre compte de toutes les observations que j'ai pu faire pendant mon séjour en Barbarie.

La petite portion de ce pays que j'ai visitée se trouve comprise entre le 2e degré de longitude orientale, comptée du méridien de Paris, le 4e degré de longitude occidentale, les 33e et

---

(1) *Relation de la guerre d'Afrique pendant les années* 1830 et 1831. Deux volumes in-8°. Paris, 1832. Chez Firmin Didot et Arthus Bertrand, libraires.

37ᵉ degrés de latitude Nord. Elle s'étend, le long de la côte, depuis le cap Matifou, à l'Est d'Alger, jusqu'au cap Falcon, à l'Ouest d'Oran; et dans l'intérieur des terres, aux environs d'Alger seulement, jusqu'à Médéya, ville située de l'autre côté de la chaîne du petit Atlas, à 16 lieues d'Alger. Cette portion de l'Afrique, toute petite qu'elle est, m'a cependant présenté une foule de faits curieux, et dont l'exposé pourra rendre quelques services aux sciences, en même temps qu'il amusera les lecteurs.

CHAPITRE PREMIER.

ASPECT DU PAYS.

Arrivé à Alger, l'observateur qui ira se placer sur le cavalier élevé au milieu du château de l'Empereur, situé à un quart de lieue au Sud-Ouest de cette ville, en regardant du côté du midi, verra un groupe de collines, dont l'ensemble présente un terrain fort ondulé, s'étendre de l'Est-Est-Nord à l'Ouest-Ouest-Sud. Au delà de ces collines, l'observateur apercevra la vaste plaine de la Métidja, qui s'étend à perte de vue vers l'Orient et vers l'Occident, et qui, du côté du Sud, va se terminer à une chaîne de montagnes très élevées, le petit Atlas, dont la direction est sensiblement parallèle à celle du groupe de collines. Ainsi, si on veut considérer l'ensemble des collines comme une petite chaîne de montagnes, on peut dire que la plaine de la Métidja est comprise entre deux chaînes, qui courent à très peu près de l'Est à l'Ouest, et dont celle du Sud est beaucoup plus élevée que celle du Nord. Ces deux chaînes viennent se terminer, presqu'en ligne droite, à la plaine, dans laquelle elles ne jettent que quelques contre-forts peu étendus.

La crête du petit Atlas présente beaucoup de découpures; on y remarque plusieurs pics pointus; mais, en général, les sommets sont arrondis, et les montagnes offrent quelqu'analogie avec celles de la chaîne du Jura. Les flancs de ces montagnes sont sillonnés par de nombreuses et profondes vallées, dont quelques unes paraissent avoir leur origine très loin dans l'intérieur de la chaîne.

Si l'observateur marche droit vers le Sud, et qu'après avoir traversé la Métidja, il gravisse le versant Nord du petit Atlas, et se transporte sur la crête de cette chaîne, il verra le versant Sud plus escarpé que celui du Nord, et au delà une masse de collines qui s'étend fort loin à l'Est, à l'Ouest et au Sud. De ce côté, il apercevra, tout à fait à l'horizon, une suite de sommets qui paraît appartenir à une chaîne, le grand Atlas, semblable à celle sur laquelle il est monté, et jusqu'où la masse des collines paraît s'étendre.

En tournant les yeux vers l'Est, il verra, à 25 lieues environ, une grosse montagne fort élevée, le mont Jurjura, présentant des arêtes vives et des cimes pointues. Sur les flancs de cette montagne, la roche est à nu, et paraît dépourvue de végétation. Au Sud-Ouest, notre observateur remarquera plusieurs sommets fort élevés, dont le plus éloigné, qui doit être sur les confins de l'empire de Maroc, a la forme d'un pain de sucre. C'est vers ce point que convergent les deux chaînes de l'Atlas ; il semble en être le nœud.

Si maintenant l'observateur, descendu de l'Atlas, marche le long de la côte depuis le cap Matifou, à l'Est d'Alger, jusqu'au cap Falcon, à l'Ouest d'Oran, il parcourra d'abord une baie demi-circulaire, bordée par les petites collines qui bornent la plaine de la Métidja au Nord, et qui viennent se terminer à une plage étroite, dont la portion la plus voisine de la mer est couverte de sables, formant çà et là quelques dunes, principalement près de l'embouchure des cours d'eau. En sortant d'Alger, il trouvera encore une petite baie de 600 mètres de diamètre, et au dessus de laquelle s'élève brusquement la cime du mont Bou-Zaria, qui est une grosse montagne isolée au milieu du groupe de collines, et dont le dernier contre-fort, du côté du Nord-Ouest, forme le cap Caxine, situé à deux lieues à l'Ouest d'Alger. De l'autre côté de ce cap, les petites collines bordent la côte, le long de laquelle on trouve çà et là quelques dunes, jusqu'à la montagne de Chenouah, à 20 lieues d'Alger. C'est au pied de cette montagne que se trouve la jolie petite ville de Cherchel. A partir de ce point, on voit une chaîne fort élevée, assez semblable au petit Atlas, régner le long de la côte, et former des falaises à pic, jusqu'à 25 lieues à l'Ouest au cap Ivi, tout près de la ville de Moustaganem, située à l'embouchure d'un grand fleuve, le *Chélif*. Sur un espace de 15 lieues, du cap Ivi au cap Ferrat, qui abrite à l'Ouest la baie d'Arzéo, le terrain est tout à fait plat; mais à partir du cap Ferrat, les montagnes recommencent et continuent jusqu'au delà d'Oran. Parmi ces montagnes on distingue celle du cap Ferrat, à laquelle les marins donnent le nom de *Piton*, et le mont Saint-Augustin, à 4 lieues à l'Ouest, qui s'élève brusquement au dessus de la mer. On passe ensuite devant le cap Canastel, qui forme la limite orientale de la baie d'Oran. Cette baie, peu profonde, est bordée de falaises fort escarpées; mais le terrain qui se trouve au dessus est plat, excepté du côté de l'Ouest, où on voit les montagnes du Rammra, dont la mer baigne le pied, s'élever brusquement à 480 mètres au dessus de son niveau. Après Oran, ces montagnes tournent autour d'une baie demi-circulaire, de 5,000 mètres de diamètre, et forment le fameux havre de Mers-el-Kebir. A l'extrémité Nord-Ouest de cette baie, et au pied de la montagne, les Espagnols ont élevé de très belles fortifications. En allant toujours vers l'Ouest, les monts Rammra continuent à longer la côte jusqu'à une lieue du fort Mers-el-Kebir. Mais ensuite la chaîne tourne à l'Ouest, la côte court au Nord-Ouest et va à une lieue plus loin former une pointe escarpée, qui est le cap Falcon. L'espace compris entre la côte et la chaîne est une plaine fort étendue et légèrement ondulée.

Arrivé à Oran, si l'observateur monte au fort *Santa-Crux*, situé sur un des sommets du Rammra, immédiatement au dessus de la ville, par un beau jour, il verra distinctement, à l'œil nu, du côté du Nord, les montagnes de la côte d'Espagne, et en se tournant des côtés du Sud, de l'Est et de l'Ouest, il apercevra les monts Rammra s'étendre fort au loin vers le Sud-Ouest, et une vaste plaine, présentant çà et là quelques petits coteaux, aller jusqu'à la chaîne de l'Atlas, qui se trouve à huit lieues au Sud d'Oran, à peu près à la même distance qu'elle est d'Alger. A deux lieues d'Oran, le terrain s'abaisse un peu, en sorte qu'il existe une plaine entre le plateau d'Oran et l'Atlas assez semblable à celle de la Métidja. Cette plaine renferme deux grands lacs qui sont à sec pendant l'été, et que l'on voit très distinctement des ruines du fort de Santa-Crux.

La contrée sur laquelle nous venons de jeter un coup-d'œil rapide est très mal peuplée, et les habitans logent, en grande partie, sous des tentes et dans des cabanes faites avec des branches d'arbres ou des roseaux enduits de terre. Ce n'est guère que dans les villes que l'on trouve des maisons construites à chaux et sable avec des briques ou de mauvaises pierres. Ces villes sont fort éloignées les unes des autres ; on en compte dix dans la portion de pays que j'ai parcourue, mais parmi ces dix je n'en ai vu que six. Ce sera de ces six seulement que je donnerai une description détaillée ; quant aux autres, je me contenterai d'indiquer leur position et de rapporter ce que j'en ai appris par des habitans du pays qui les ont souvent visitées.

La principale ville de Barbarie est Alger la Guerrière, capitale de la régence de ce nom; elle se trouve située sur le bord de la mer à 0° 42′ 25″ de longitude (1) orientale, et à 36° 47′ 25″ de latitude Nord. La campagne, autour de cette ville, est couverte d'une grande quantité de fort jolies maisons de plaisance. Dans l'intérieur des terres, à onze lieues au Sud-Sud-Est d'Alger se trouve Belida, bâtie au pied du petit Atlas au milieu de superbes jardins d'orangers. Au Nord, et à cinq lieues de Belida, de l'autre côté de la plaine, on découvre, sur le versant Sud des petites collines qui bordent la mer, el Colea, ville un peu moins considérable que Belida, et autour de laquelle il n'existe point de jardins d'orangers, mais des vergers plantés d'arbres analogues à ceux de notre Provence.

Belida se trouve située au débouché, dans la plaine, d'une vallée primordiale du petit Atlas. Si on suit cette vallée par un sentier fort difficile qui longe le flanc, on rencontre quel-

---

(1) Je compte toutes les longitudes à partir du méridien de Paris.

ques groupes de cabanes, et après avoir traversé la chaîne on arrive, au bout de quatre heures de marche, à Médéya, ville dont la construction et la campagne environnante font oublier qu'on est en Afrique et rappellent les bourgs de la côte châlonnaise, dans le département de Saône-et-Loire. A quinze lieues à l'Ouest de Médéya, il existe encore une ville assez considérable nommée Méliana, mais dans laquelle je n'ai pas pu pénétrer.

Si, au lieu de s'avancer dans l'intérieur des terres, on suit la côte en allant vers l'Ouest, on trouvera plusieurs villes assez considérables, mais parmi lesquelles je n'ai pu visiter qu'Oran, bâtie dans le fond d'une baie, à 80 lieues à l'Ouest-Ouest-Sud d'Alger. J'ai vu Cherchel de très près en passant le long de la côte ; mais quant aux autres, Tefessad, Tenez, Moustaganem et Arzéo, je ne les ai pas seulement aperçues.

La Barbarie a été envahie par les Romains dans les beaux jours de la République. Ces maîtres du monde y avaient formé une colonie florissante de laquelle ils tiraient beaucoup de grains et de fruits ; de nombreuses ruines annoncent qu'ils y avaient bâti des villes superbes, et des forts pour se mettre à l'abri des courses des peuplades de l'Atlas qu'ils ne purent jamais soumettre complétement. Nous avons rencontré plusieurs constructions romaines dans les environs d'Alger, et jusque de l'autre côté du petit Atlas. Au cap Matifou, les murs de la plus grande partie des maisons de l'antique Rustonium s'élèvent au dessus des broussailles qui couvrent la terre ; sur les routes d'Oran et de Constantine on voit encore des colonnes debout, des fontaines et des aquédhcs ; entre les caps Caxine et Sydi-Efroudj, des citernes parfaitement conservées, des restes de murs et un aquéduc en bon état, annoncent des peuples autres que les Romains ; peut-être bien des Gaulois, car il existe près de là deux groupes de monumens druidiques absolument les mêmes que ceux que l'on rencontre dans plusieurs parties de la France ; enfin, sur les collines, à l'Ouest d'el Colea, on aperçoit un tumulus que les Arabes nomment *Kabr-er-Roumiah*, et sur l'origine duquel on n'a point de données satisfaisantes.

CHAPITRE II.

RIVIÈRES.

Les principaux cours d'eau de la contrée que je décris sont, en les énumérant dans le sens de l'Est à l'Ouest, l'*Hamise*, l'*Arrach*, la *rivière de Bou-Farik*, la *Chiffa*, l'*Afroun* ou *Ouad-jer* et le *Mazafran*, sur le territoire d'Alger; enfin le ruisseau qui coule au milieu de la ville d'Oran. Entre ce dernier et le Ouad-jer, il existe encore beaucoup de cours d'eau très considérables, entr'autres le superbe *Chélif*, qui, après un cours de plus de 80 lieues, vient se jeter dans la mer proche de Moustaganem; mais je n'en parlerai pas, parce que je ne les ai point vus. Tous les cours d'eau que je viens de citer sortent des montagnes du petit Atlas, et après avoir coulé dans le fond d'une vallée primordiale de cette chaîne, ils traversent la plaine du Sud au Nord ; en arrivant au pied des collines ils font un coude plus ou moins grand, et vont ensuite passer par une coupure pour se rendre à la mer; je vais donner la description de chacun de ces cours d'eau.

L'*Hamise* a son embouchure dans la baie d'Alger, près du cap Matifou, à 1,000 mètres à l'Ouest des ruines de Rustonium; elle est dirigée d'abord pendant quelque temps vers l'Est, mais ensuite elle fait un coude à angle droit, et on la suit de l'œil jusqu'au pied de l'Atlas, d'où elle vient en suivant la direction du méridien. Cette rivière est peu considérable, elle ne tarit jamais, mais on peut la passer à gué presque partout ; le fond de son lit est vaseux, ce qui en rend l'eau mauvaise à boire.

L'*Arrach* sort du petit Atlas par une vallée qui se trouve être précisément dans la direction du méridien d'Alger. Elle court du Sud au Nord en traversant la plaine de la Métidja ; arrivée au pied des collines, elle reçoit le ruisseau Ouad-Kerma, qui part du mont Bou-Zaria, et décrit un demi-cercle en coulant vers le Sud-Est. A ce point l'Arrach fait un coude, se dirige vers le Nord-Est, reçoit un second ruisseau qui sort des collines, puis un troisième qui vient de la plaine, reprend ensuite la direction du méridien, et, passant par une coupure de la bande des collines, va se jeter à la mer. L'Arrach coule entre deux berges très escarpées, son fond est presque partout vaseux, sur quelques points seulement on trouve du gravier; la quantité d'eau est assez considérable, mais nulle part les chevaux qui la traversent n'en ont jusqu'au ventre, pas même dans la saison des pluies. Quoiqu'un peu fade, l'eau de l'Arrach est cependant bonne à boire.

La *rivière de Bou-Farik* sort de l'Atlas par la gorge devant laquelle Belida est bâtie; elle se dirige vers le Nord-Nord-Est, reçoit plusieurs ruisseaux en traversant la plaine et va se jeter dans le Mazafran tout près d'el Colea. Cette rivière n'est qu'un fort ruisseau dont la plus grande largeur est de 4 mètres. Jusqu'à ce qu'elle ait atteint le milieu de la plaine, elle coule sur un fond de cailloux et de glaise compacte; alors son eau est fort bonne à boire; mais ensuite elle traverse un terrain marécageux jusqu'à son embouchure, et l'eau n'est plus bonne.

La *Chiffa*. A 6,000 mètres à l'Ouest de Belida, on rencontre un lit de plus de 400 mètres de large, dont le fond est couvert de lauriers-roses et de lentisques ; les berges en sont fort élevées, surtout du côté de l'Est où elles ont souvent près de 40 mètres de hauteur; au milieu de ce vaste lit passe un cours d'eau de 20 à 30 mètres de large, dans le moment des grandes pluies et de la fonte des neiges. C'est la Chiffa, qui coule du Sud au Nord en traversant la plaine et va se réunir à l'Afroun un peu à l'Ouest d'el Colea, comme je le dirai bientôt. En sortant de l'Atlas, cette rivière rencontre le Ouad-el-Kebir qui vient de la gorge de Belida, en coulant dans un ravin très large et très profond. Au milieu de la plaine, elle reçoit un ruisseau qui vient des montagnes de Mouzaya, et auquel se sont joints plusieurs autres qui prennent naissance dans la plaine. La Chiffa coule partout sur un fond de sable et de gravier; sa vitesse est très grande, et son eau excellente à boire; la quantité n'en est jamais bien considérable, quoiqu'elle ne tarisse point. Au mois de janvier, après huit jours d'une pluie battante, et au moment de la fonte des neiges de l'Atlas, nos soldats, en traversant la Chiffa, n'avaient de l'eau que jusqu'au milieu de la cuisse.

L'*Ouad-jer* ou *Afroun*. Si on continue à suivre le pied des montagnes en marchant vers l'Ouest, on rencontrera, à trois lieues de la Chiffa, un ravin large et très escarpé, qui fait suite à une grande vallée de l'Atlas, dans le fond duquel coule un fort ruisseau que les Arabes nomment *Afroun* et *Ouad-jer*; c'est là le grand fleuve dont plusieurs voyageurs nous ont fait une description si pompeuse. Son lit a plus de 100 mètres de large, et il est extrêmement profond ; mais pendant la saison des pluies, et lorsque toutes les neiges se fondaient, j'ai traversé sur dix points différens ce fleuve en marchant sur les cailloux roulés qui sont dans son lit ; cependant il conserve de l'eau pendant toute l'année. Un peu avant d'entrer dans la plaine, l'Afroun reçoit un ruisseau qui descend du col de Tenia dont nous parlerons bientôt. Il traverse cette plaine en se dirigeant vers le Nord, arrive au pied des collines, un peu à l'Est du Kabr-er-Roumiah, tourne brusquement vers l'Est, coule en longeant les collines entre deux berges très rapprochées, mais peu élevées, et vient se réunir avec la Chiffa au point que j'ai déjà indiqué en parlant de celle-ci.

Le *Mazafran*. La Chiffa et l'Afroun réunis prennent le nom de *Mazafran*, continuent à couler vers l'Est, dans un lit de 20 à 25 mètres de large et bordé de berges élevées; à une lieue de là, ils reçoivent la rivière de Bou-Farik, tournent brusquement vers le Nord, et, se dirigeant à travers une vallée profonde, se rendent à la mer après avoir reçu quatre petits ruisseaux qui sortent des flancs de cette vallée.

En sortant des montagnes, le cours de l'Afroun est assez rapide, l'eau, qui roule sur un fond de gravier, est d'une excellente qualité; mais après avoir traversé la plaine, cette rivière perd toute sa vitesse; elle coule à peine dans le lit étroit dont j'ai déjà parlé; le fond vaseux de ce lit en rend l'eau très mauvaise.

Le *Mazafran* coule presque partout, et assez rapidement, sur un fond de sable; quoiqu'il y ait çà et là de la vase sur ses rives, l'eau en est très bonne. Cette rivière a de 20 à 25 mètres de largeur, néanmoins elle est peu profonde; un cavalier peut la traverser sur tous les points où l'escarpement des berges ne l'empêche pas d'aborder.

En allant à Médéya par la route du col de Tenia, celle suivie par l'armée française dans son expédition contre cette ville, on rencontre plusieurs ruisseaux qui ont de l'eau en tout temps : ceux qui sont au Nord du Col vont tous se réunir dans le fond d'une vallée qui verse bien certainement dans l'Afroun; mais, pour ceux qui sont au Sud et qui se dirigent tantôt à l'Est et tantôt à l'Ouest, je ne sais pas où ils vont aboutir; il est probable qu'ils se rendent dans la Chiffa et dans l'Afroun. Quant à ceux des environs de Médéya, on a avancé qu'ils étaient des affluens du Chélif, sans savoir en aucune manière si le Chélif passe dans cette contrée.

Entre l'Arrach et le Mazafran, il existe le long de la côte plusieurs petits ruisseaux dont je n'ai point parlé. Ces ruisseaux partent presque tous du pied de la montagne de Bou-Zaria qui domine Alger à l'Est; deux coulent dans la mer entre l'Arrach et Alger; un troisième, l'Ouad-Kerma, se rend dans la plaine, ensuite dans l'Arrach; et tous les autres se jettent dans la mer entre Alger et le Mazafran.

Le *ruisseau d'Oran* prend sa source au Sud-Ouest de cette ville, dans le prolongement des montagnes du Rammra. Il sort de ces montagnes en suivant une vallée dirigée de l'Ouest à l'Est, et dans laquelle on ne le voit pas, parce qu'il est conduit par un aquéduc souterrain. Au sortir de la vallée, ce ruisseau, toujours souterrain, marche vers le Nord, en suivant un ravin peu large, mais très escarpé, qui longe le pied des montagnes; 1,000 mètres avant d'entrer à Oran, à l'endroit appelé la *Fontaine*, une ouverture latérale faite au conduit permet à une portion de l'eau de s'échapper pour couler dans le fond de la vallée, aller arroser les jardins qui s'y trouvent, faire tourner plusieurs moulins, et se jeter ensuite à la mer; le reste, conduit par l'aquéduc sur le flanc Ouest de la ville, se rend dans un bassin duquel l'eau est ensuite distribuée dans toute la ville.

Il y a encore près d'Oran un assez fort ruisseau, dont l'eau était aussi amenée par un conduit dans le village de Kerguenta, situé à l'Est à côté de cette ville; mais, pendant mon séjour, ce conduit avait été rompu; l'eau s'était jetée dans le fond de la vallée, qui est à 400 mètres de l'extrémité Est de ce village, et se rendait à la mer en coulant du Sud-Est au Nord-Est. Les deux ruisseaux dont je viens de parler ont de l'eau pendant toute l'année.

Lacs. Il existe dans les environs d'Oran deux grands lacs qui se dessèchent entièrement pendant l'été. L'un est situé dans la plaine, à trois lieues environ au Sud de la ville, il paraît avoir plusieurs lieues d'étendue de l'Est à l'Ouest; l'autre, que l'on voit à une lieue et demie au Sud-Est, est elliptique, son grand axe, qui se trouve placé dans le sens du méridien, peut avoir 2,000 mètres de longueur.

Dans la province d'Alger, je n'ai vu que deux lacs ; l'un situé dans la plaine de la Métidja, au pied des collines, vis à vis le Kabr-er-Roumiah; ce lac conserve beaucoup d'eau pendant toute l'année ; l'autre près du cap Matifou, qui est salé et communiquait avec la mer par un canal creusé de main d'homme. Je considère ce dernier comme un ancien marais salant établi par les habitans de Rustonium ; j'en parlerai encore en décrivant cette antique cité.

Tels sont les lacs et les principaux cours d'eau que j'ai observés dans la Barbarie ; nous y reviendrons dans l'article suivant, lorsque nous traiterons de l'inclinaison de la surface du sol.

CHAPITRE III.

GÉOLOGIE.

Ce n'est point en suivant l'ordre d'ancienneté que je décrirai les différens groupes de roches qui se montrent au jour dans la portion de l'Afrique que j'ai parcourue ; cette méthode aurait l'inconvénient de ne point être en rapport avec la nature des choses. C'est d'après le rôle que ces groupes jouent dans la constitution générale du pays que je les ferai connaître. On observe en Barbarie *le terrain de transition*, le terrain *secondaire*, *le terrain tertiaire*, des formations *volcaniques,* le terrain *diluvien*, et les différentes formations de l'époque actuelle, *dunes, atterrissemens* et *éboulemens*. Je vais donner la description de ces terrains en suivant l'ordre tracé par l'importance des masses qu'ils constituent.

TERRAIN SECONDAIRE.

Formation du lias.

Les montagnes du petit Atlas, que nous avons déjà dit border au Sud la plaine de la Métidja, forment une chaîne très considérable de plus de deux cents lieues de longueur et de cinq à six de largeur, dont l'axe fait avec le méridien un angle de 70° à 75°, comptés du Sud à l'Ouest; les points les plus élevés de cette chaîne se trouvent au dessous de la Chiffa sur le territoire des tribus de Mouzaya et de Beni-Sala. Ce sont des sommets arrondis qui atteignent jusqu'à 1,650 mètres au dessus du niveau de la Méditerranée, dans le port d'Alger (1) et 1,400 mètres au dessus de la plaine à leur pied. A partir de ces points, on voit la crête s'abaisser à l'Est et à l'Ouest : les sommets pointus qui sont vis à vis le cap Mati-

---

(1) C'est à partir du niveau de la mer dans le port d'Alger que toutes les hauteurs des points ont été calculées, dans la portion de pays contiguë au territoire de cette ville

fou n'ont que 1,100 mètres de hauteur absolue, de même que ceux qui dominent le col de Tenia, à trois lieues à l'Ouest de Beni-Sala.

L'ensemble des couches pierreuses, qui entrent dans la composition de la partie du petit Atlas que j'ai étudiée, incline au Sud sous un angle extrêmement variable, et qui augmente généralement à mesure qu'on s'approche du sommet; sur certains points les couches sont horizontales, et sur d'autres elles font un angle de plus de 60° avec l'horizon. L'inclinaison du versant Sud m'a paru beaucoup plus considérable que celle du versant Nord, surtout en traversant la chaîne au point de sa plus grande élévation; mais la surface est aussi déchirée d'un côté que de l'autre.

Je n'ai pu observer la chaîne du petit Atlas que sur une longueur de 30,000 mètres seulement, depuis la tribu de Beni-Meissera, à l'Est de Belida, jusqu'à la vallée de l'Afroun, débouchant dans la plaine, à 18,000 mètres à l'Ouest de cette ville. J'ai trouvé partout la masse des montagnes composée de marnes schisteuses alternant avec des strates de calcaires marneux. Ces marnes offrent une large cassure conchoïde, comme celles du lias en Europe; elles sont souvent coupées par des veines de calcaire spathique et de fer hydraté ; ces veines pénètrent aussi dans le calcaire. Celui-ci présente également une cassure conchoïde, il est quelquefois fissile ; sa couleur varie du gris au noir ; les strates n'ont jamais plus de 0^m,5 d'épaisseur. C'est vers la partie inférieure de la formation que le calcaire domine. Il renferme des couches subordonnées de macigno. Quelquefois il devient bréchiforme (Mouzaya) et passe même à une véritable brèche composée de petits fragmens.

Les marnes schisteuses, qui dominent dans la seconde partie de la formation, sont tout à fait les mêmes que celles de notre lias d'Europe ; elles renferment encore des couches de calcaire gris, et d'autres d'une roche blanchâtre extrêmement dure, qui est un silex calcarifère. Dans les montagnes de Beni-Sala, ces marnes sont coupées par des veines de quartz blanc ; en approchant de la crête, on les voit s'endurcir et passer par degrés à un phyllade semblable à celui du terrain de transition, et qui ne fait pas toujours effervescence dans l'acide nitrique. Sur le versant Sud des montagnes de Beni-Sala, ce phyllade devient une véritable ardoise : phénomène qui est tout à fait le même que celui observé par

M. *E. de Beaumont*, dans les Alpes de la Tarentaise.

Les restes organiques sont extrêmement rares dans les roches que je viens de décrire; je n'y ai trouvé que des fragmens d'*huîtres*, quelques *peignes*, des *bélemnites*, une petite *ammonite*, des *posidonies*, et pas une seule impression végétale entre les feuillets du schiste.

Les espèces minérales sont peu abondantes dans la formation calcaréo-marneuse de l'Atlas. Nous avons cependant trouvé sur la route de Médéya, à une lieue au Sud du col de Tenia, des minérais de cuivre en assez grande quantité. Ces minérais forment des filons dont les têtes sortent de plusieurs mètres au dessus des marnes schisteuses qui les renferment. Ces filons sont composés de fer carbonaté, de beaucoup de cuivre gris et de malachite, accompagnés d'un peu de carbonate bleu, dans une gangue de baryte sulfatée laminaire. Le filon le plus considérable est presque vertical. Sa puissance varie de $0^m,3$ à 1 mètre. Il est à découvert sur une longueur de 100 mètres, et le cuivre s'y trouve en assez grande quantité pour qu'on puisse l'exploiter avec avantage. Il suffirait peut-être de quelques recherches pour découvrir des richesses immenses dans cette localité; mais elles seront long-temps impossibles, au milieu d'un pays désert et exposé aux courses des hordes les plus cruelles.

Les montagnes constituées par la formation calcaréo-marneuse sont fort élevées, comme nous l'avons déjà dit; elles présentent peu d'escarpemens : presque partout les talus sont formés. En suivant la ligne du faîte, on rencontre des sommets arrondis et des crêtes fort étroites; les rameaux et les contre-forts de la chaîne sont terminés par des plateaux peu étendus. Les deux versans présentent des vallées profondes et étroites, et en outre une infinité de sillons produits par les eaux qui ont raviné la marne. Beaucoup de sources excellentes sortent de ces montagnes, et de nombreux ruisseaux serpentent dans le fond des vallées.

La portion du petit Atlas que j'ai visitée est assez mal cultivée, mais partout la végétation est très active; les broussailles qui en couvrent la plus grande partie ont souvent deux mètres de hauteur. Nous parlerons, dans un autre article, de la végétation de ces montagnes avec plus de détails.

Les calcaires gris et noirs qui alternent avec

les marnes schisteuses peuvent fournir une excellente chaux hydraulique, mais on n'en fait point usage. Les couches les plus solides donnent des pierres de construction assez bonnes. Le phyllade peut très bien être employé comme ardoise : les Arabes et les Berberes en retirent des plaques très solides, d'un centimètre d'épaisseur et de deux mètres de longueur, qu'ils emploient à la construction des tombeaux, pour faire des marches d'escalier et des appuis de croisée. Ces plaques sont amenées jusqu'à Alger, où on les fait servir aux mêmes usages. Si on était maître du pays, on pourrait tirer parti des mines de cuivre ; car les montagnes environnantes sont couvertes de bois, et un ruisseau abondant coule dans le fond d'une vallée, à quelques pas des filons.

TERRAIN TERTIAIRE SUBATLANTIQUE.

Plusieurs des derniers contre-forts du petit Atlas, sur les bords de la plaine de la Métidja, sont formés par un grès calcaire jaunâtre, ou un calcaire grossier ferrugineux, divisé en couches qui plongent légèrement au Nord, en sens contraire de celles du lias, et qui alternent avec des sables plus ou moins ferrugineux. Cet ensemble de couches repose sur une marne bleue un peu plus pâle que celle du lias, qui n'est point schisteuse, mais qui se divise en fragmens irréguliers. Cette marne fait si bien pâte avec l'eau, qu'on s'en sert pour fabriquer des briques et de la poterie; on rencontre, dans son intérieur, du gypse laminaire, elle contient quelques coquilles décomposées; on voit dans le calcaire des *huîtres* et des *peignes*.

Quand on est parvenu au pied du versant Sud de l'Atlas, on a devant soi une immense masse de collines qui s'étend fort loin au Sud, ainsi qu'à l'Est et à l'Ouest, en longeant la chaîne. Ces collines, dont quelques unes atteignent 1,200 mètres au dessus du niveau de la mer, et 200 à 300 mètres seulement au dessus des vallées qui passent à leur pied, sont toutes constituées par le même terrain tertiaire qui se montre en lambeaux du côté du Nord. Ce terrain est absolument le même que celui qui se trouve en Italie, de chaque côté de l'Apennin. On y remarque deux étages : la marne bleue, dont je viens de parler, constitue le plus ancien; ici, elle acquiert une puissance extrêmement considérable, elle dépasse quelquefois 200 mètres. Cette marne recouvre immédiatement les phyllades du lias, ainsi que ses marnes, avec lesquelles elle paraît se confondre sur plusieurs points. Elle contient quelquefois des strates subordonnés de calcaire marneux, elle n'est jamais stratifiée ni schisteuse, mais elle se divise en une infinité de fragmens fort irréguliers. On y remarque beaucoup de veines de gypse laminaire et lamellaire; mais je ne les ai jamais vues en assez grande abondance pour mériter d'être exploitées. Les restes organiques que j'ai observés sont des coquilles marines, *peignes* et *bucardes* tellement friables, que je n'ai pas pu en obtenir une seule entière.

La marne bleue est recouverte par une assise puissante de strates de grès calcaire, ou de calcaire grossier à coraux, alternant avec des sables jaunes et quelquefois rouges. Le grès prend aussi cette couleur; il est alors très ferrugineux. La puissance de ce second étage varie de 20 à 50 mètres; il manque rarement. Les couches qui le composent inclinent au Nord, sous un angle qui ne dépasse guère 20°, elles sont quelquefois horizontales. Le grès tertiaire subatlantique est rempli d'une immense quantité de grandes huîtres (*Ostrea elongata*) tout à fait identiques avec celles que l'on trouve dans son analogue en Provence et en Italie. On y rencontre aussi des *peignes* et des *pectoncles*. Malgré toutes mes recherches, je n'ai pu y découvrir un seul fragment de poissons ni d'ossemens de quadrupèdes. Le calcaire, qui devient quelquefois compacte, renferme beaucoup de coraux, comme en Autriche et en Hongrie. Les huîtres gisent dans la masse du grès, mais plus particulièrement au milieu des sables interposés entre les couches. On les trouve groupées plusieurs ensemble, la plupart ont conservé leurs deux valves ; ce qui prouve qu'elles sont encore maintenant dans le lieu où elles ont vécu anciennement. J'en ai mesuré quelques unes qui avaient $0^m,3$ de longueur.

Le second étage du terrain tertiaire subatlantique ne contient d'autres minéraux que des veines de fer hydraté peu considérables.

Tout le pays que l'armée française a parcouru au Sud du petit Atlas est occupé par le terrain tertiaire, tel que je viens de le décrire ; et, en jugeant par l'analogie des formes des collines, que je découvrais à une fort grande distance, je présume qu'il s'étend encore beaucoup plus loin. Il doit remplir tous les bassins compris entre les différentes chaînes de montagnes tracées sur la carte du colonel Lapie, jusqu'au grand désert du Sahara. Les sables de ce désert ne sont peut-être autre chose que ceux que l'on trouve quelquefois à la partie supérieure de cette formation, et au dessous desquels les grès et les calcaires existeraient en couches horizontales recouvrant la marne bleue; et voilà pourquoi l'eau est si rare dans cette contrée. Mais, s'il en est ainsi, en traversant des sables et la masse des calcaires, on obtiendrait des puits très abondans, peut-être bien des sources jaillissantes.

Les collines subatlantiques présentent des formes arrondies, elles comprennent entr'elles des vallées profondes dont les flancs sont extrêmement découpés par les eaux qui travaillent continuellement dans les marnes. De ces collines sortent un grand nombre d'excellentes sources dont la température moyenne est de 14°. Ces sources donnent naissance à une infinité de ruisseaux et à quelques petites rivières, qui vont arroser le fond des vallons, où il existe des pâturages et quelques jardins.

Le terrain tertiaire subatlantique paraît peu propre à la végétation : les environs de Médéya sont assez bien cultivés, quelques collines, au Sud de cette ville, sont à demi couvertes de broussailles; mais, presque partout ailleurs, l'œil est frappé par une aridité affreuse : dans les endroits où la marne est à la surface du sol, il n'y a pas seulement de l'herbe.

Cette marne est employée pour fabriquer des tuiles, des briques et de la poterie. Les grès servent comme pierres à bâtir ; c'est avec eux qu'ont été élevés les édifices romains dont nous avons trouvé les ruines près de Médéya. Les Berberes font de la chaux avec le calcaire grossier.

J'ai vu à Médéya du gypse donnant un plâtre blanc excellent, que l'on m'a dit venir d'une carrière située à deux lieues à l'Est de cette ville, et que je n'ai pas pu aller visiter. Je pense que cette roche se trouve intercalée dans le terrain tertiaire.

Toute la masse de collines qui borde au Nord la grande plaine de la Métidja, et que nous avons observée depuis le cap Matifou jusqu'à une lieue à l'Ouest d'el Colea, est formée par le terrain tertiaire subatlantique, composé des mêmes roches, disposées de la même manière qu'au Sud de l'Atlas ; mais ici les couches inclinent quelquefois au Sud, principalement dans les environs d'Alger. Les fossiles sont plus abondans, ils s'y rencontrent souvent par familles ; ce sont des *peignes*, des *gryphites* (*Ostrea navicularis*), des *grandes huîtres*, mais bien différentes de celles de l'Atlas (1), de *grosses térébratules*, des *échinites* et plusieurs *polypiers*.

Les espèces minérales sont les mêmes qu'à Médéya. Les calcaires grossiers avec coraux prennent un grand développement aux environs d'Alger, où les Maures s'en servent pour faire de la chaux.

Les sources sont toujours très nombreuses et l'eau excellente ; mais un fait remarquable, c'est que le terrain tertiaire des collines qui bordent la mer est bien plus favorable à la végétation que celui situé au delà de l'Atlas : sur tous les points où les collines ne sont pas cultivées, elles sont couvertes de bois d'oliviers ou de très fortes broussailles. Serait-ce l'influence de la mer, ou plutôt la différence de température ? C'est une question que je chercherai à résoudre plus tard.

---

(1) Elles sont arrondies au lieu d'être allongées et beaucoup moins grandes.

TERRAIN DE TRANSITION.

En suivant le bord de la mer depuis Sydi-Efroudj jusqu'à Alger, on voit les calcaires et les grès tertiaires reposer horizontalement sur la tranche des feuillets d'un schiste talqueux, tout à fait le même que celui que l'on trouve sur la côte de France dans les environs de Toulon. Ce schiste forme la masse principale du mont Bou-Zaria, et la colline sur le penchant de laquelle Alger est bâti, il s'étend à l'Ouest jusqu'auprès du fort Bab-Azoun ; ensuite il va constituer la falaise du cap Matifou. Du côté du Sud, il s'étend jusqu'à la colline du château de l'Empereur, et on le retrouve dans toutes les ramifications que le mont Bou-Zaria jette de ce côté. On voit sur plusieurs points le terrain tertiaire recouvrir, à stratification discordante, celui de transition. Le schiste talqueux, qui compose la masse principale de cette formation, se présente en feuillets, jamais en couches, fortement inclinés à l'horizon, et plongeant toujours vers le Sud, comme les strates de l'Atlas. Ce schiste est luisant ou subluisant ; il passe souvent à un micaschiste très bien caractérisé, surtout dans ses parties supérieures. Toute la masse est coupée par une infinité de veines de quarz blanc et de quarz enfumé; on y observe quelques filons de phtanite et des lits très minces de feldspath blanc. Le schiste talqueux passe quelquefois à un schiste feldspathique, qui devient lui-même un gneiss bien caractérisé (Bab-Azoun et environs du château de l'Empereur). Quelques strates de calcaire gris saccharoïde et sublamellaire se trouvent subordonnés dans le schiste. Cette roche forme aussi, dans toutes les montagnes qui sont à l'Est d'Alger, une masse dont la puissance dépasse 100 mètres, qui est subordonnée dans la formation des schistes talqueux. Le calcaire est souvent schisteux, et alors il passe au schiste par degrés insensibles; la stratification en est fort régulière; les strates, dont l'épaisseur ne dépasse pas $0^m,5$, sont séparés les uns des autres par des lits de schistes avec lesquels ils se lient intimement; ils plongent au Sud sous un angle qui dépasse rarement 30°. Le calcaire et les lits schisteux intercalés entre ses couches contiennent souvent une assez grande quantité de petites paillettes de fer pyriteux. Le calcaire subordonné aux schistes devient quelquefois très blanc (sommet du mont Bou-Zaria, falaise près les moulins à vent de Bab-el-Ouad, ancienne carrière près du cimetière des Juifs). Ici, il y a encore des fragmens de couches qui ont été exploitées et dont on a dû tirer d'assez beau marbre.

On trouve dans les schistes talqueux beaucoup de petits cristaux de *mâcle* imparfaits, (mont Bou-Zaria), une immense quantité *de petits grenats* qui en font un véritable schiste grenatique (pointe Pescade), *du quarz* en veines et en filons, *du fer pyriteux* en parties disséminées, *du fer hydraté* en petites veines, et enfin quelques traces *de galène*, mais aucune de ces substances n'est assez abondante pour mériter d'être exploitée.

Dans la falaise du cap Matifou, le schiste talqueux passe au micaschiste ; il renferme encore des couches calcaires qui inclinent fortement au Sud. On y remarque des filons de feldspath avec de grandes lames de mica ; quand les lames de mica diminuent, la roche devient un gneiss. J'y ai reconnu deux veines d'anthracite dont la puissance de la plus considérable ne dépasse pas $0^m,5$; quelquefois le schiste est imprégné de carbone. On remarque sur toute la surface de la falaise des petites veines de fer hydraté, qui se croisent dans tous les sens et forment un réseau saillant très singulier. Ici, le terrain tertiaire, composé de marne bleue, grès et poudingues, renfermant beaucoup de fragmens de schiste, repose en couches horizontales sur la tranche des schistes. Mais, le long de la falaise, on voit aussi le grès et les strates des poudingues incliner vers le Nord-Est, et venir buter contre les couches schisteuses. Ceci est le résultat de l'apparition d'une roche pyrogène, dont je parlerai plus bas.

La puissance du groupe schisteux dépasse 400 mètres; sa stratification est fort irrégulière; on y remarque beaucoup de plis et de contournemens. Les montagnes qu'il constitue s'élèvent jusqu'à 410 mètres (mont Bou-Zaria) au dessus du niveau de la mer, qui en baigne le pied. Ces montagnes présentent des croupes arrondies et des flancs très rapides. Elles sont séparées les unes des autres par des vallées profondes, dans lesquelles coulent de petits ruisseaux qui se dessèchent presque tous pendant l'été, quoiqu'ils soient alimentés par une grande quantité de sources. Le sol schisteux est assez mal cultivé, mais la force de la végétation y est très grande : les broussailles sont hautes et fort épaisses ; le pays habité, et surtout le fond des vallées, présente une forêt d'orangers, de grenadiers, de figuiers, etc., au milieu de laquelle s'élèvent majestueusement quelques palmiers, et que divisent, en plusieurs enclos, de superbes haies d'*agaves,* dont les hampes s'élèvent au dessus de tous les autres arbres.

Les Maures ne font aucun usage des schistes talqueux dont je viens de parler; je crois cependant qu'en creusant à une certaine profondeur, surtout dans le faubourg de Bab-Azoun, tout près de l'emplacement où se tient le marché des bestiaux, on en obtiendrait de beaux morceaux qui fourniraient une ardoise d'une excellente qualité. Le calcaire gris donne de très bonnes pierres de construction; les portions veinées pourraient fournir d'assez jolis marbres. C'est à la fabrication de la chaux que les Maures emploient particulièrement le calcaire de transition; cette roche est celle que l'on cuit dans tous les fours à chaux de Bab-el-Ouad; elle donne une chaux grasse qui ne peut former de mortiers hydrauliques qu'avec les matières calcinées (pouzzolanes, etc.). Le marbre blanc a été anciennement employé pour les monumens funéraires et dans les constructions d'Alger; mais aujourd'hui son exploitation est tout à fait abandonnée : je pense qu'on pourrait la reprendre avec avantage. Les grenats sont trop petits, et les veines de galène trop rares et trop minces, pour qu'on puisse en tirer parti. En faisant des fouilles dans la falaise du cap Matifou, à l'endroit où se montrent les veines d'anthracite, on parviendrait peut-être à découvrir une grande quantité de ce combustible.

GNEISS.

Dans l'escarpement de la falaise, entre la porte Bab-Azoun et le fort du même nom, le schiste talqueux passe, par degrés insensibles, à un micaschiste brun qui renferme de minces lits de feldspath blanc, dont quelques uns se chargent de mica et passent ainsi au gneiss. Quelquefois le micaschiste se charge de feldspath, et devient un véritable gneiss. Cette dernière roche recouvre ici le micaschiste, avec lequel elle se trouve intimement liée, à stratification concordante, et elle prend ensuite un développement considérable. Dans le chemin creux, au pied du château de l'Empereur, on voit le schiste talqueux se charger progressivement de feldspath, le talc passe au mica, et la roche devient un gneiss bien caractérisé, qui recouvre encore le schiste à stratification concordante, et va, à 6 et 800 mètres de là, constituer les collines qui dominent le fort au Sud et au Sud-Ouest, et sur lesquelles furent établies les batteries françaises lors de l'attaque de ce même fort.

La roche dominante, dans ce second étage du terrain de transition, est un gneiss très feldspathique, composé de mica blanc, rarement brun, en petites lames, et de feldspath blanchâtre, en grosses glandes ou en gros cristaux imparfaits. Quelquefois les paillettes de mica et les grains de feldspath deviennent fort petits, et on a des couches de leptynite intercalées dans la masse; on voit aussi le mica disparaître et le feldspath rester seul; alors la roche est formée de masses prismatiques de différentes grosseurs placées à côté les unes des autres. Cette variété se décompose facilement et donne un mauvais kaolin.

La stratification du gneiss est fort irrégulière; on y remarque beaucoup de plis; les couches apparentes plongent au Sud, sous un angle qui varie de 20° à 50°. On ne voit point de strates de roches étrangères subordonnés dans la masse du gneiss; mais on y rencontre des filons du micaschiste inférieur; ce qui prouve que, malgré l'apparence, cette roche est moins ancienne que le gneiss, qui la recouvre cependant.

Les espèces minérales disséminées dans le gneiss d'Alger sont du *quarz* blanc et enfumé formant de nombreuses veines, du *feldspath pur*, beaucoup de cristaux de *tourmaline* et de superbes lames de *mica blanc*, dans certaines localités seulement, principalement dans le voisinage du fort Bab-Azoun, des veines de fer hydroxidé (Sydi-Efroudj), et quelques traces de cuivre carbonaté vert.

Le gneiss ne m'a présenté aucune trace de restes organiques, les montagnes qu'il constitue sont moins élevées que celles des schistes, mais elles n'en diffèrent presque pas pour les formes.

Les sources sont rares dans le sol occupé par le gneiss, et la végétation est peu active; il n'y croît guère que des *cactus*, des *agaves* et quelques *caroubiers*.

La roche que je viens de décrire occupe une bande étroite qui s'étend de l'Est à l'Ouest; elle part des bords de la mer, en avant du fort Bab-Azoun, passe au Sud du château de l'Empereur, forme ensuite les principaux sommets du mont Bou-Zaria, redescend le long de la côte, où on la voit recouvrir les schistes sur plusieurs points, disparaît avec eux sous le terrain tertiaire et se remontre sur la colline de Sydi-Efroudj, qu'elle constitue en entier, ainsi que tous les rochers qui sont dans la mer autour de ce cap, avec les mêmes caractères que dans les environs d'Alger; ses couches inclinent aussi vers le Sud. Si on marche perpendiculairement à la direction des strates du gneiss, on les voit partout recouverts à stratification transgressive par les calcaires et grès tertiaires.

Les Maures n'emploient le gneiss à aucun usage; on pourrait s'en servir comme pierre de construction, et pour l'établissement des routes.

ROCHES VOLCANIQUES.

Je n'ai reconnu aucune trace de rochers volcaniques dans toute la portion de l'Atlas que j'ai visitée; il n'y en a point non plus dans la plaine de la Métidja, depuis l'Arrach jusqu'à l'Afroun; quant à la bande de collines qui borde cette plaine au Nord, ce n'est qu'au cap

Matifou, dans la falaise et tout près du fort, que l'on voit des trachytes gris sortir du terrain tertiaire. Il se présente là un fait assez curieux : à l'Ouest du fort, toutes les couches du calcaire qui repose sur la marne bleue sont parfaitement horizontales; à l'endroit où les trachytes sont sortis, il s'est formé une faille, et les couches se trouvent maintenant inclinées au Nord-Est sous un angle de 15° à 20°. Le trachyte de Matifou est une roche pétro-siliceuse, renfermant des petits cristaux de feldspath blanc et des paillettes de mica brun, c'est un porphyre trachytique. Les Arabes n'ont employé ce porphyre à aucun usage.

Au milieu des ruines de Rustonium, on rencontre des fragmens de lave poreuse qui proviennent de meules antiques. Ces laves peuvent avoir été apportées d'Italie; cependant toutes les pierres employées par les Romains, dans les constructions de cette ville, ont été prises sur les lieux mêmes, ou dans les environs d'Alger. Cette raison me ferait soupçonner l'existence de formations basaltiques, non loin du cap Matifou, dans la portion de pays que je n'ai pas pu visiter. J'ai aussi trouvé dans la cour de la Maison carrée, située au dessus du pont de l'Arrach, un morceau de meule faite avec un porphyre trachytique, renfermant de nombreux cristaux de feldspath vitreux; j'ignore d'où cette roche peut venir.

TERRAIN DILUVIEN.

Tout le sol de la plaine de la Métidja est formé par un terrain d'alluvions, composé de couches horizontales d'une marne argileuse grise et de cailloux roulés, parmi lesquels on ne trouve jamais de gros blocs de pierres. Toute cette plaine, particulièrement à l'Ouest de la Chiffa, est coupée par des lits d'anciens torrens extrêmement larges, et dont les berges escarpées permettent très bien d'étudier la constitution géognostique : partout les couches de marne et de cailloux sont parfaitement horizontales, l'épaisseur de ces couches varie suivant les localités; dans un endroit les marnes dominent, dans un autre ce sont les débris pierreux. La nature de la marne est à peu près la même partout, mais celle des cailloux change; le long de l'Atlas et jusqu'à près de deux lieues dans la plaine, depuis les montagnes de Beni-Meissera jusqu'au lit de la Chiffa, ce sont des phyllades mélangés de marne schisteuse, de fragmens de quarz et de calcaire noir et gris; depuis la Chiffa jusqu'au delà du Ouad-jer, on ne trouve plus que du calcaire compacte, du calcaire marneux, et des marnes schisteuses; des fragmens roulés de ces mêmes roches, et dont la grosseur va en diminuant en marchant dans le sens du courant de l'eau, couvrent aussi les lits des rivières et des torrens. Ce phénomène est bien apparent le long du cours de la Chiffa; au pied des montagnes on trouve, dans le lit de cette rivière, des blocs très gros et des cailloux roulés dont la grosseur varie depuis celle de la tête jusqu'à celle du poing, et à quatre lieues de là, à son point de jonction avec le Ouad-jer, ce ne sont plus que des graviers dont les plus gros sont comme des œufs de pigeon; le long de la bande de collines, les cailloux du terrain diluvien proviennent en partie du terrain de transition et en partie des calcaires et grès tertiaires.

Je n'ai point trouvé d'ossemens de grands animaux, ni aucun débris organique dans les alluvions de la Métidja; cependant je les ai examinées avec beaucoup de soin sur plusieurs points très éloignés les uns des autres.

La couche de terre végétale, qui a souvent plusieurs pieds d'épaisseur, est toujours formée par la marne diluviale; cette marne est compacte, et elle se laisse assez difficilement pénétrer par l'eau : de là vient qu'on rencontre dans la plaine plusieurs sources et petits ruisseaux; il existe aussi des eaux stagnantes qui ne disparaissent pas toutes pendant l'été.

Le sol de la plaine de la Métidja va en s'élevant à mesure que l'on s'approche du petit Atlas. A l'endroit où le Mazafran tourne au Nord pour entrer dans la gorge qui le conduit à la mer, le sol est à 23 mètres au dessus du niveau de cette mer, et à cinq lieues plus au Sud, à l'Haouch de l'Aga, au pied des montagnes de Mouzaya, il s'élève à 167 mètres; ce qui donne une différence de niveau de 144 mètres entre le côté Nord et le côté Sud.

L'Arrach et la Chiffa sont les deux principaux cours d'eau de la portion de la plaine que nous avons pu explorer. La ligne de partage entre ces deux rivières est un dos-d'âne mal prononcé, qui se trouve à plus de 25,000 mètres de la Chiffa, et à 6,000 seulement de l'Arrach. Au pied des collines, cette ligne ne s'élève qu'à 25 mètres au dessus du niveau de la mer, et au pied de l'Atlas son élévation est de 167 mètres. Dans les bassins de ces deux rivières, il y a, comme je l'ai déjà dit, des terrains bas, dont les eaux ne peuvent pas s'écouler. De là, les marais si nombreux sur les bords mêmes de l'Arrach, et qui forment le long des collines une bande presque continue, qui commence à la hauteur de la ferme du bey d'Oran, et s'étend à plus de trois lieues à l'Ouest d'el Colea. Ces marais ne se rencontrent guère que dans la partie Nord de la plaine, tout près des collines; mais au delà le sol est assez sec; il faut cependant en excepter les bords du ruisseau de Bou-Farik, qui sont presque partout marécageux.

La plaine de la Métidja est généralement fort mal cultivée; mais la vigueur des plantes qui y croissent annonce combien elle est susceptible de fertilité. Le long de l'Atlas, on rencontre des broussailles extrêmement fortes, des bois d'oliviers magnifiques, et les parties cultivées donnent des récoltes abondantes.

La marne argileuse est très propre à la fabrication du *piset*; on en a fait un grand usage dans les constructions de Belida et d'el Colea, comme nous le dirons plus bas.

Marne rouge, le long de la côte et au pied

des montagnes, depuis le cap Caxine jusqu'à l'Arrach, il existe une plaine étroite, interrompue quelquefois par des contre-forts qui s'avancent jusque dans la mer, dont le sol est presque partout formé par la marne diluviale, qui agglutine souvent des fragmens de gneiss, de micaschiste, de schiste talqueux et de calcaire. Ces fragmens s'y trouvent quelquefois disposés par couches horizontales (sur la route de Constantine, à l'Ouest du fort de Bab-Azoun), on y remarque aussi des blocs très gros; mais parmi tous ces débris, je n'ai pas vu un seul morceau qui n'appartînt aux montagnes voisines. Depuis l'Arrach jusqu'au fort de Bab-Azoun, la marne diluviale diffère peu de celle de la Métidja, mais de ce point jusqu'au cap Caxine, elle prend une couleur rouge très prononcée. Il y a des escarpemens et des lits de ravin au pied du mont Bou-Zaria, où la marne rouge a plus de 10 mètres de puissance. Sa masse n'est point stratifiée, mais quelquefois divisée en plusieurs assises par des bancs de cailloux roulés.

Je n'ai trouvé dans cette marne aucune trace de restes organiques : je la crois peu propre à la végétation, le sol qu'elle occupe est presque toujours aride.

La marne rouge est employée par les Algériens pour la fabrication du mortier dont ils se sont servis, et se servent encore, dans toutes leurs constructions. Ils la mélangent avec de la chaux, au lieu de sable dont ils ne font pas usage; nous parlerons de cela avec détails lorsque nous traiterons des arts.

Travertin. Sur les flancs des montagnes, du côté de la mer, on voit des couches mamelonnées de travertin déposées sur la surface des roches anciennes, et qui paraissent en être sorties par les trous et les fissures qui existent encore dans ces roches. Le long de la côte, sur la tranche des schistes avec calcaire, il existe une couche de travertin ferrugineux remplie d'une infinité de coquilles marines passées à l'état spathique, et qui sont tout à fait les mêmes que celles qui vivent encore aujourd'hui dans la mer, au pied même des falaises, dont le travertin occupe le sommet. Ces roches coquillières forment, tout le long de la côte, une bande fort étroite et souvent interrompue, qui ne s'élève jamais à plus de 25 mètres au dessus du niveau de la mer.

TERRAIN POST-DILUVIEN.

Les produits de l'époque actuelle ne sont pas très développés sur la côte de Barbarie; à droite et à gauche de l'embouchure de l'Arrach, il existe deux masses de dunes peu étendues et dans l'intérieur desquelles on rencontre les coquilles marines qui vivent encore sur la plage, mélangées avec les coquilles terrestres de la contrée; entre le cap Caxine et la pointe de Sydi-Efroudj, il y a une bande de dunes qui s'étend sur une longueur de plus d'une lieue, et qui atteint sur certains points une hauteur de 60 mètres au dessus du niveau de la mer. On trouve encore dans le sable de ces dunes des coquilles marines et des coquilles terrestres. La direction générale de ces masses de dunes est du Nord-Ouest au Sud-Est, précisément celle du vent qui règne le plus souvent et avec le plus de force dans la contrée.

Le sable qui forme les dunes est extrêmement fin et tout à fait identique avec celui de la plage. Il n'y a point d'eau dans leur intérieur, cependant elles ne sont pas dépourvues de végétation : on y remarque beaucoup de buissons de lentisque, et quelques plantes herbacées.

Les dunes s'avancent très lentement dans l'intérieur des terres, cependant celles qui se trouvent à l'Ouest de l'embouchure de l'Arrach ont déjà envahi une partie de la route de Constantine, qui passe au pied des collines; mais je pense qu'on pourrait les fixer assez facilement.

Dans les petites anses qui se trouvent le long des côtes, la mer accumule des sables qui forment de petits bancs, mais ne s'élèvent point en dunes. Ces sables renferment les débris des coquilles marines qui vivent sur la côte. Une petite plage sableuse borde la baie d'Alger, depuis le fort Matifou jusqu'aux falaises du fort Bab-Azoun.

CHAPITRE IV.

PUITS ARTÉSIENS.

Maintenant que nous connaissons bien la constitution géognostique de la portion du pays parcourue par l'armée française dans les environs d'Alger et de l'autre côté du petit Atlas, nous pouvons hasarder quelques conjectures sur la possibilité d'y établir des puits artésiens, qui seraient d'une grande utilité pour l'agriculture; mais auparavant, je crois nécessaire de dire quelques mots sur la théorie de ces puits.

L'eau qui tombe sur la surface de la terre pénètre dans son intérieur jusqu'à ce qu'elle trouve une couche argileuse qui l'arrête. Si cette couche offre une concavité, l'eau s'y amasse, finit par la remplir; et alors, s'échappant par les fissures qui communiquent avec le réservoir, elle va se rendre dans des lieux plus bas, en coulant sur des couches argileuses, jusqu'à ce qu'elle vienne sourdre à la surface du globe, ou qu'elle trouve une roche qui lui permette de pénétrer dans ses profondeurs. Si l'eau coule sur une masse argileuse, comme celle des marnes bleues subatlantiques ou des marnes du lias, on conçoit qu'elle peut parcourir un très grand espace en se creusant un lit dans ces marnes, et former ainsi un véritable fleuve souterrain qui peut avoir plusieurs réservoirs, comme celui dont je viens de parler, chargés de l'alimenter. Ces réservoirs sont nécessairement plus élevés que le lit du cours d'eau souterrain ; ils peuvent être situés près du sommet des montagnes, et le cours d'eau venir passer sous la surface des plaines. Si, dans ce cas, on perce le sol de la plaine immédiatement au dessus du cours d'eau, celle-ci va jaillir par l'ouverture avec une force proportionnelle à l'élévation de son point de départ. Si l'eau n'éprouvait point de frottement dans les canaux souterrains, ni de résistance de la part de l'air à sa sortie de la terre, elle s'éleverait à une hauteur précisément égale à celle de son point de départ. Voilà la manière la plus simple de se rendre compte des puits artésiens. Il est probable qu'il existe dans les profondeurs du globe de grands cours d'eau, qui prennent naissance à une hauteur assez considérable dans l'intérieur des montagnes, et dont la direction est constante, ce qui exige qu'ils coulent sur une surface compacte qui ne laisse pas filtrer l'eau.

Toute la chaîne du petit Atlas est composée d'une masse argileuse, et les collines qui se trouvent sur les plans de cette chaîne, au Nord et au Sud, sont en grande partie formées d'une marne compacte, de même que celles qui bordent, au Nord, la plaine de la Métidja. Ainsi, on peut donc, avec beaucoup de chances de succès, essayer d'établir des puits forés sur le territoire de Médéya et dans toute la vaste plaine de la Métidja. C'est surtout à une petite distance du pied des montagnes qu'on pourra le plus facilement réussir. Toute la petite plaine qui s'étend depuis les bassins de Bab-Azoun jusqu'au cap Matifou offre aussi de grandes chances de succès; on pourrait encore sonder dans la presqu'île de Sydi-Efroudj et le long de la côte, jusqu'à une assez grande distance, à l'Ouest. Mais il faut se garder d'entreprendre des travaux dans la masse des collines, parce qu'il n'y a pas de formation marneuse plus élevée qu'elles dans les environs.

Il faut bien se garder aussi de chercher des sources jaillissantes dans les schistes et les gneiss du mont Bou-Zaria, qui ne retiennent pas l'eau, et au dessous desquels il n'y a point de roches argileuses. Par conséquent, on ne devra point non plus entreprendre de forer des puits le long de la mer, depuis le cap Caxine jusqu'au delà du fort de Bab-Azoun, parce que, dans cette portion de terrain, le sol est formé par les schistes et les gneiss, abstraction faite des lambeaux de marne diluviale qui se trouvent çà et là. Tout le faubourg de Bab-el-Ouad et les terrains plats qui s'y trouvent, étant dans le même cas, les puits forés n'y réussiraient pas non plus.

CHAPITRE V.

GÉOLOGIE D'ORAN.

Pendant mon séjour en Afrique, il nous était tout à fait impossible d'aller par terre d'Alger à Oran ; nous ne pouvions pas même aller sans escorte à trois lieues d'Alger. Je n'ai donc pas eu occasion d'étudier la nature du sol entre Alger et Oran, et c'est pourquoi je fais un article à part de la géologie des environs de cette ville.

Je me suis rendu à Oran par mer, vers la fin de juin 1831; cette place était alors occupée par deux bataillons du 21ᵉ régiment de ligne, commandés par le brave colonel Lefol, qui mourut d'une nostalgie peu de temps après mon départ. M. Lefol, étant obligé de garder la ville et les forts environnans avec ses deux bataillons, ne put me donner qu'une faible escorte pour faire des opérations topographiques dans les environs. Ceci me força à me contenter de parcourir un rayon de 5 à 6,000 mètres en dehors des murs, et de suivre la côte jusqu'au cap Falcon, qui se trouve à 16,000 mètres au Nord-Ouest de la ville.

Les formations géognostiques qui se montrent au jour dans cette portion de terrain sont des schistes *phyllades*, des roches *dolomitiques* très singulières, le *terrain tertiaire subatlantique*, et enfin des *agglomérats coquilliers* de l'époque diluvienne, ou au moins de la dernière période de l'époque tertiaire.

SCHISTES.

Les schistes forment la base du sol de la contrée; ils constituent aussi en grande partie cette masse de montagnes qui domine Oran, à l'Ouest, (le Rammra), et qui s'étend à une demi-lieue au delà du fort Mers-el-Kebir.

Ces schistes sont en couches presque verticales qui plongent toutes vers le Nord. La roche dominante est un phyllade commun dont les teintes sont généralement pâles; cependant il prend quelquefois une couleur lie de vin. Le phyllade passe au schiste ardoisé, mais jamais au schiste talqueux, ni au micaschiste ; il est coupé dans tous les sens par de nombreuses veines de quarz blanc. Des couches de quarzite grisâtre sont subordonnées dans la masse schisteuse ; on remarque quelquefois des alternances régulières entre le schiste et les couches de quarzite.

La formation qui nous occupe paraît dépourvue de métaux ; je n'y ai point vu non plus de grenats, ni cristaux de mâcle ; malgré toutes mes recherches, je n'ai pas pu y découvrir de restes organiques, pas même des traces d'anthracite. Tous les schistes d'Oran font effervescence dans les acides, ils ne sont point talqueux ; enfin, l'absence des substances minérales que nous avons trouvées dans ceux d'Alger me les fait croire d'une formation beaucoup plus nouvelle que ces derniers ; ils doivent être rapportés au terrain secondaire, probablement au lias, comme ceux de l'Atlas. Des dolomies qui les ont percés sur plusieurs points, comme je le dirai bientôt, ont changé les argiles schisteuses en phyllades, et les grès en quarzites.

Les sources sont rares dans cette formation, et celles qu'on y trouve ne sont pas abondantes ; aussi le sol est-il très peu fertile : presque toutes les montagnes sont arides ou couvertes de mauvaises broussailles.

Les habitans d'Oran n'ont tiré aucun parti des roches de ce groupe géognostique. Je crois qu'en fouillant dans le voisinage de la pointe de Moune, on pourrait parvenir à rencontrer des couches d'ardoise d'une assez bonne qualité. Les quarzites fourniraient une excellente pierre pour la bâtisse.

Dolomies. Depuis Oran jusqu'au fort de Mers-el-Kebir, on voit au milieu des schistes des roches d'un gris bleuâtre qui paraissent y être venues à la manière de certains produits volcaniques. Le long des falaises, ces roches remplissent de petites vallées et reposent transgressivement sur les schistes. A la montagne de Santa-Crux, elles sortent de ces mêmes schistes en formant un mur qui a la forme d'un prisme triangulaire. Dans les flancs de cette montagne, des blocs énormes sortent du milieu des schistes, sur lesquels ils paraissent avoir débordé. La crête de la montagne de Mers-el-Kebir est formée par des masses de ces roches disposées comme des cratères de soulèvement placés sur une même droite parallèle à la côte, et faisant avec le méridien un angle de 123 degrés comptés du Nord au Sud. Il existe aussi quelques petits murs peu élevés, dont la direction est parallèle à celle de la ligne des cratères. Les roches bleuâtres paraissent compactes : mais, en les examinant à la loupe, on y reconnaît une infinité de petites lames brillantes. Elles sont souvent coupées par des veines de chaux carbonatée très blanche, des veines de fer oligiste rouge et de fer oligiste micacé. Quelques parties des roches bleuâtres se lient intimement avec une masse jaunâtre, compacte et dont l'aspect présente quelqu'analogie avec la cire. Cette roche est extrêmement sonore, elle contient dans son intérieur des morceaux anguleux, et dont les angles sont légèrement émoussés, de la matière des roches bleues. Le fer oligiste micacé est très abondant, il forme quelquefois de grosses veines ; enfin, à la masse jaunâtre bréchiforme succèdent des tufs rouges, pâles, qui renferment dans leur intérieur des fragmens des deux premières espèces de roches, et qui ressemblent tout à fait à ceux que l'on trouve dans tous les terrains volcaniques récens.

Ces roches bleuâtres et jaunâtres sont des dolomies contenant un léger excès de carbonate de magnésie. Leur position géognostique annonce qu'elles étaient fluides ou au moins à l'état de mollesse, lorsqu'elles ont pénétré dans les schistes; les fragmens des dolomies bleuâtres, empâtés dans la dolomie jaune, démontrent la fluidité de cette dernière; elle est disposée sur le sol qu'elle occupe tout à fait comme une lave, et les tufs qui l'accompagnent viennent encore appuyer cette opinion; mais il y a plus, en examinant les roches avec attention, on voit qu'elles sont toutes pénétrées de fer oligiste, qui a été sublimé; les grosses veines dont j'ai parlé sont des fissures qui ont été remplies par ce minéral. Dans les points de contact entre les dolomies et les schistes, ceux-ci ont été triturés, très sensiblement altérés, et ils sont passés à une dolomie schisteuse dont les proportions sont rigoureusement celles de cette espèce minérale. Ce fait est extrêmement remarquable; il me semble prouver que les dolomies fluides ont agi ici absolument comme les porphyres pyroxéniques, et d'autres roches ignées dans beaucoup de contrées de l'Europe.

Les observations précédentes tendent donc à prouver que des roches dans la composition desquelles il entre une grande quantité d'acide carbonique ont pu être à l'état de fluidité ignée, comme les roches feldspathiques, pyroxéniques, etc. Cette assertion est mise hors de doute par le fait suivant.

Le cap Falcon, à 8,000 mètres au Nord-Ouest du fort de Mers-el-Kebir, est formé par les phyllades en couches très inclinées, qui sont recouverts à stratification transgressive par le terrain tertiaire. Ici, la masse des schistes est pénétrée dans tous les sens par une substance sublamellaire, qu'au premier aspect on prendrait pour du fer carbonaté (*Braunstein*); ce n'est cependant qu'une dolomie imprégnée d'une grande quantité de fer oligiste (1). Cette dolomie ferrugineuse forme au dessus de la surface du sol une masse alongée, parallèle à la côte et à la ligne des rochers de Mers-el Kebir. La longueur de cette masse est de 200 mètres et sa hauteur de 25; ici, la dolomie a percé le terrain tertiaire sur lequel elle s'est répandue; les calcaires et les grès sur lesquels elle a coulé sont endurcis, et souvent des portions de dolomie s'y sont incrustées. J'ai déposé au Jardin du Roi

---

(1) Cette espèce de roche est entièrement nouvelle : aucun des minéralogistes de Paris ne l'avait encore vue.

un échantillon de grès tertiaire, sur lequel sont implantés des fragmens globuleux de la dolomie ferrugineuse, qui ont pénétré très avant dans la masse, laquelle est devenue rouge et extrêmement dure. On ne peut donc plus douter que les dolomies d'Oran, *grises*, *jaunes* et *brunes* ne soient sorties de l'intérieur de la terre à l'état de fusion, postérieurement au dépôt du terrain tertiaire, et qu'elles n'aient coulé sur le sol environnant; mais la petite distance parcourue et la forme des masses prouvent qu'elles étaient plutôt à l'état de mollesse qu'à l'état fluide. C'est un fait très extraordinaire, que des masses dans lesquelles l'acide carbonique entre en si grande quantité aient pu être produites par l'action du feu, sans que cet acide ait été dégagé.

TERRAIN TERTIAIRE.

Le terrain tertiaire subatlantique est très bien développé à Oran; c'est lui qui forme le sol de la grande plaine à l'Est de cette ville et au Sud jusqu'à l'Atlas; il existe sur les monts Rammra, à 470 mètres au dessus de la mer; il constitue la portion de montagnes qui borde la route de

Telmecen. Depuis 5,000 mètres à l'Ouest de Mers-el-Kebir jusqu'au cap Falcon, c'est lui qui forme les falaises et tout le sol de la plaine qui leur est contiguë. La marne bleue, la même que nous avons trouvée à Alger et entre les Atlas, occupe la partie inférieure. Cette marne paraît ici dépourvue de restes organiques et d'espèces minérales. Le second étage est un peu différent de celui d'Alger : il est composé de couches de marne et de calcaires alternant ensemble, sur une épaisseur qui varie de 30 mètres à 40 mètres. Dans la plaine, ces couches sont sensiblement horizontales; au dessus du consulat anglais, elles reposent transgressivement sur les schistes : il en est de même sur les plateaux du mont Rammra; mais dans les montagnes, depuis la vieille Kasba jusqu'à deux lieues au Sud-Ouest, les couches du terrain tertiaire inclinent au Nord, comme les schistes, sous un angle qui dépasse quelquefois 30°.

Les calcaires sont blanchâtres et crétacés, jaunâtres et grossiers; ils occupent ordinairement la partie inférieure du second étage; ensuite viennent des lits calcaires alternant avec des marnes jaunâtres, souvent schisteuses, presque toujours sableuses, et entre lesquelles se trouvent des bancs d'huîtres mélangées avec quelques autres coquilles. Au milieu de ces couches, se distinguent deux bancs d'un mètre d'épaisseur chacun, et qu'on retrouve partout composés d'une marne schisteuse très blanche. Les masses de cette marne se fendent comme l'ardoise; sur les plaques il existe des empreintes de poissons parfaitement conservées. Ces poissons sont extrêmement nombreux, surtout à la grande carrière près le fort Saint-André : en brisant une masse d'un pied cube, il est rare de ne pas trouver trois ou quatre poissons. Dans les bancs qui renferment les poissons, on ne rencontre point d'autres restes organiques avec eux, mais dans les couches de calcaire et de sable qui les séparent il existe des bancs de grandes huîtres mélangées avec des gryphées, tout à fait les mêmes que celles que j'ai déjà citées dans le terrain tertiaire d'Alger. La partie supérieure de ce second étage est formée par une brèche calcaire, ou un calcaire grossier bréchiforme, qui se montre à la surface du sol dans toute la plaine, au sud et à l'Est d'Oran.

Je n'ai trouvé aucune sorte d'espèces minérales dans la marne bleue d'Oran. Les calcaires et les sables qui lui sont supérieurs renferment du *silex résinite* en petits lits, des rognons d'un *calcaire compacte* jaunâtre, et des veines d'un *silex résinite* jaune, qui coupent verticalement la masse. Je n'ai point vu de traces de lignite dans toute la formation.

Les coquilles fossiles, qui sont très nombreuses dans le second étage, sont de grandes *huîtres* et des *gryphites*, formant ensemble des bancs dans les couches sableuses, des *peignes*, et quelques *bucardes*. Je n'ai pas remarqué une seule univalve.

Je n'ai point retrouvé les grands *clypeastres* d'Alger, mais des *cidaris* tout à fait les mêmes que ceux des environs de cette ville. Le calcaire à coraux paraît manquer dans le terrain tertiaire d'Oran.

Les poissons de la marne blanche appartiennent tous au genre *Alose*, dont les espèces vivent aussi bien dans les eaux douces que dans la mer. M. Agassis, qui a étudié tous les échantillons que j'ai rapportés, n'a pu y reconnaître qu'une seule espèce qu'il a nommée *Alosa elongata*.

J'ai déjà dit que le terrain tertiaire d'Oran occupait de vastes plaines; ces plaines ne sont élevées que de 135 mètres au dessus de la mer;

mais il se trouve aussi en couches horizontales sur les plateaux des monts Rammra, à 470 mètres au dessus de ce niveau. Les calcaires forment des collines, et même des petites montagnes; à l'Ouest de la route de Telmecen, les montagnes ont des formes arrondies, et elles comprennent entr'elles des vallées profondes, escarpées et tortueuses. Les couches sont inclinées au Nord, sous un angle qui varie de 10 à 30 degrés.

Le long des falaises et à l'Est d'Oran, on voit beaucoup de sources sortir de la marne bleue; le ruisseau qui passe au milieu de la ville vient des montagnes du terrain tertiaire : celui qui coule dans la vallée, à l'Est de Kerguenta, prend aussi sa source dans ce terrain, et suit une de ses vallées jusqu'au point où il vient se jeter à la mer entre deux falaises escarpées.

Les plaines dont le sol est formé par le terrain tertiaire, étant recouvertes d'une couche assez épaisse de marne jaune, sont très propres à la culture des céréales; les Arabes sèment du blé entre les touffes de dattier nain qui y croissent naturellement. Les plateaux et les montagnes de ce terrain sont arides ou couverts de mauvaises broussailles.

5.

Le calcaire tertiaire a été très employé par les Maures et par les Espagnols, pour les constructions de la ville. Dans la carrière de Saint-André, on en exploite trois gros bancs donnant de très belles pierres qui se taillent facilement. Les habitans d'Oran et ceux de la campagne se servent de cette roche pour faire de la chaux grasse ; c'est à cette fin qu'ont été construits tous les fours à chaux que l'on trouve aux environs de la ville et dans la campagne. La marne bleue est employée pour la poterie : on en fait des vases de toutes les formes et des tuyaux pour conduire les eaux.

TERRAIN DILUVIEN.

Il existe sur les bords de la mer, depuis Oran jusqu'au delà du fort de Mers-el-Kebir, des lambeaux d'un travertin ferrugineux, agglomérant des coquilles marines, passées à l'état spathique. Ces coquilles, *Venus, pectunculus, ostrea, cardium,* etc., sont absolument les mêmes que celles qui vivent encore aujourd'hui dans la mer. Au pied des falaises qui bordent la plage contiguë au cap Falcon, du côté de l'Est, on rencontre des agglomérats tout à fait semblables ; mais, ici, le ciment est du sable agglutiné par un suc calcaire, au lieu d'être du travertin, et les coquilles sont encore dans leur état naturel.

Enfin, dans les environs du consulat anglais, au pied de la montagne de Santa-Crux, il existe, sur le terrain tertiaire, une brèche massive à ciment calcaire ferrugineux, renfermant de nombreux fragmens des dolomies bleuâtres et jaunes, que je crois être contemporaine du travertin coquillier dont je viens de parler.

TERRAIN POST-DILUVIEN.

Les dépôts de l'époque actuelle sont à peu près nuls dans les environs d'Oran : je n'ai point vu de dunes depuis le cap Canastel jusqu'au cap Falcon. Sur les bords des rades d'Oran, de Mers-el-Kebir, et sur la plage de las Aguadas, la mer accumule des sables, au milieu desquels sont enfouies quelques unes des coquilles qui vivent maintenant dans son intérieur. Je n'ai pas pu étudier les dépôts qui se forment au fond des deux grands lacs qui existent dans la plaine, au Sud et au Sud-Est d'Oran.

PUITS ARTÉSIENS.

Si on se rappelle ce que je dis sur la possibilité d'établir des puits forés dans les environs d'Alger, la plaine de la Métidja, etc., on comprendra facilement qu'on peut en faire dans la plaine qui se trouve à l'Est et au Sud d'Oran, et dans l'intérieur même de la ville; mais il ne faudrait pas entreprendre de forer des puits, dans l'espoir d'obtenir des eaux jaillissantes, sur la côte de la baie de Mers-el-Kebir, car les couches de phyllades ne retiennent pas les eaux.

CHAPITRE VI.

CONCLUSIONS GÉNÉRALES D'APRÈS LES FAITS GÉOLOGIQUES.

Le terrain tertiaire d'Oran ressemble beaucoup à celui d'Aix en Provence ; c'est absolument le même que celui que nous avons vu à Alger, et entre les deux Atlas ; la marne bleue est identique avec celle de ces contrées. Quant au second étage, au lieu de calcaires grossiers et de grès calcaires, il se trouve être, ici, composé de calcaires crétacés plus ou moins compactes, de marnes sableuses et de marnes schisteuses. Cette variation dans la nature des roches tient uniquement à l'influence des circonstances locales. Les *gryphées* d'Oran sont les mêmes que celles d'Alger ; quant aux autres coquilles, ce sont les mêmes genres, mais non identiquement les mêmes espèces.

Le terrain tertiaire subatlantique existe sur tout le littoral de la Méditerranée, en Espagne, en Provence, en Italie. C'est lui qui constitue les collines qui bordent les Apennins; Messieurs Boblaye et Virlet l'ont trouvé très bien développé en Grèce, il existe en Syrie; enfin c'est ce même terrain qui forme le sol de toute la Basse-Égypte, recouvert seulement par une couche d'alluvion plus ou moins épaisse. Le terrain tertiaire des bassins de l'Autriche, de l'Allemagne, de la Hongrie, etc., est absolument identique avec le nôtre; il est composé, comme lui, de deux étages : marne bleue, calcaires grès et sables, et il renferme les mêmes genres de coquilles fossiles. Quant aux espèces, elles diffèrent et elles doivent différer, vu l'éloignement des lieux.

Dans toutes les contrées de l'Europe, la partie inférieure du terrain tertiaire renferme des couches de lignite (une espèce de houille) assez nombreuses et assez considérables pour donner lieu à des exploitations très avantageuses. Malgré toutes mes recherches, je n'ai pu parvenir à découvrir une seule veine de cette substance dans le terrain tertiaire subatlantique; mais, en jugeant par analogie, il doit cependant en exister, et des sondages entrepris sur différens points des collines qui bordent la mer à Alger, et dans le milieu des plaines d'Oran, en feront peut-être découvrir un jour en grande quantité. Un tel résultat serait de la plus haute importance pour notre colonie, et particulièrement pour la ville d'Oran, où on manque tout à fait de bois à brûler.

Le plâtre de Médéya gît probablement dans la marne bleue, où il forme des masses, comme dans beaucoup d'autres contrées; de pareilles masses peuvent bien aussi exister dans cette roche, aux environs d'Alger et d'Oran.

Un des faits les mieux constatés jusqu'à présent en géologie, c'est que le terrain tertiaire s'est déposé à la surface de la terre, le long des rivages des grandes mers, et dans des bassins enfermés par des chaînes de montagnes. Ceci me porte à avancer qu'indépendamment du grand bassin compris entre les deux Atlas, ce terrain se retrouve dans tous ceux formés par les différentes ramifications de ces deux chaînes de montagnes, et que c'est lui, en couches horizontales, qui constitue le sol du grand désert du Sahara. Les sables de ce désert ne sont autre chose que ceux que l'on trouve souvent à la partie supérieure du terrain subatlantique, et qui ont pris là un développement extrêmement considérable.

Les conversations que j'ai eues, à cet égard, avec M. René Caillié me confirment tout à fait dans cette opinion. Ce célèbre voyageur m'a dit avoir vu, au milieu du Sahara, des monticules composés d'ardoise et de calcaire. Ces deux roches doivent être les mêmes que celles du petit Atlas, et appartenir à la formation du lias, qui se trouverait encore, ici, immédiatement au dessous du terrain tertiaire. Ceci me porte à penser que la masse principale de toutes les chaînes de montagnes comprises entre la côte de Barbarie et le désert du Sahara est formée par le lias.

Les marnes bleues devant exister au dessous des sables et des grès, dans le Sahara comme ailleurs, il est certain qu'en creusant, peut-être à une très petite profondeur, on trouverait de l'eau. Celle qui vient des montagnes de l'Atlas et des chaînes qui sont plus au Sud forme probablement des courans souterrains qui traversent une grande partie du désert, et en sondant au milieu des sables on pourrait bien obtenir des sources jaillissantes, ce qui serait de la plus haute importance pour cette malheureuse contrée et faciliterait beaucoup les relations avec l'intérieur de l'Afrique. L'existence des Oasis et des puits d'eau douce, dans plusieurs parties du désert, rend cette opinion extrêmement probable.

SOULÈVEMENT DES MONTAGNES.

M. Elie de Beaumont, dans son beau travail sur le soulèvement des chaînes de montagnes, avait émis l'opinion que celles de l'Atlas s'étaient élevées au dessus de la surface de la terre, à la même époque que le mont Ventoux et les chaînes de la Provence qui lui sont parallèles, c'est à dire postérieurement au dépôt du terrain tertiaire. Nos observations dans le petit Atlas n'ont point vérifié cette présomption : la disposition des couches du lias, relativement à celles du terrain subatlantique, annonce que cette chaîne a été soulevée antérieurement; il en est de même pour les schistes talqueux des monts Bou-Zaria et des falaises de la côte d'Alger, ainsi que les phyllades d'Oran. Les Atlas formaient les bords d'un vaste bassin dans lequel se déposait le terrain subatlantique, et les montagnes du mont Bou-Zaria une île sur le littoral de la grande mer, où le même dépôt avait également lieu.

Mais le terrain subatlantique a éprouvé lui-même des bouleversemens qui ont brisé ses couches, et les ont mises dans la position où nous les voyons maintenant. Dans la falaise du cap Matifou, nous avons vu que le bouleversement avait été causé par l'éruption de porphyres qui se trouvent encore là au milieu des couches tertiaires. C'est, je crois, à la venue de ces roches au milieu du terrain subatlantique, que l'on peut attribuer son redressement.

A Oran, au lieu de porphyres ce sont des dolomies; ce qui est un fait extrêmement curieux, et le seul de ce genre que l'on ait cité jusqu'à présent. Les dolomies se sont fait jour à travers les schistes du terrain secondaire; ce sont elles qui les ont endurcis, fait passer à l'état de phyllade et quelquefois de dolomie. Les couches de quarzite, que nous voyons maintenant dans ces schistes, n'étaient probablement que des grès qui ont été modifiés par la chaleur des roches ignées; et ceci est d'autant plus probable, qu'au cap Falcon, la dolomie ferrugineuse, en coulant sur les grès, les a considérablement endurcis.

Toutes les roches ignées dont nous venons de parler sont postérieures au terrain tertiaire; c'est un fait parfaitement constaté. Lorsqu'elles ont fait éruption à la surface de la terre, elles ont lancé au dehors des masses d'eau chargées d'acides carbonique, sulfurique (1), etc. Ces eaux, entraînant avec elles les débris des roches, sont allées, en obéissant aux lois de la pesanteur, former tous ces dépôts d'alluvion, à l'ensemble desquels nous appliquons maintenant le nom de terrain *diluvien*, et dont nous formons une grande époque géognostique. Ces vastes lits de torrens, que nous trouvons à sec dans la plaine de la Métidja, sont les routes principales suivies par les eaux diluviales pour se rendre à la mer. Les eaux acides, en passant sur les couches calcaires, les ont rongées et ont formé ainsi des vallées profondes. Par le choc contre les masses qu'elles trouvaient sur leur passage, ces eaux laissaient déposer le calcaire qu'elles tenaient en dissolution ; c'est ainsi qu'ont été formées les veines de calcaire rayonné qu'on trouve dans les fentes du terrain tertiaire, les couches de travertin qui gisent sur le flanc Nord des montagnes à l'Ouest d'Alger, et les agglomérats coquilliers qui existent maintenant jusqu'à 25 mètres au dessus du niveau de la mer, sur tout le littoral de la Méditerranée.

---

(1) Voyez mon Mémoire sur le terrain diluvien de la vallée du Rhin. *Journal de géologie*, N° I.

Tels sont les résultats auxquels m'ont conduit toutes les observations géognostiques que j'ai faites dans les différentes parties de la Barbarie parcourues par notre armée ; les géologues qui seront assez heureux pour perfectionner ce que je n'ai fait qu'ébaucher les confirmeront, j'espère.

CHAPITRE VII.

CLIMAT ET MÉTÉOROLOGIE.

Dans tous les ouvrages qui ont été publiés jusqu'à présent sur les régences barbaresques, je n'ai jamais rien lu qui pût nous donner une idée exacte du climat de ces contrées. Les uns présentent la côte Nord de l'Afrique comme un pays brûlé par le soleil et presqu'aride; les autres ont vu les sommets du petit Atlas couverts de neiges perpétuelles, et l'intérieur du pays noyé par des torrens d'eau pendant six mois de l'année.

Nous avons été assez heureux pour conserver, pendant tout le temps de notre séjour à Alger, un *baromètre métrique* et plusieurs *thermomètres centigrades*, avec lesquels nous avons fait des observations durant treize mois consécutifs, mais qui ont malheureusement été interrompues quelquefois, pendant que nous étions avec l'armée dans l'intérieur du pays ; alors nous emportions toujours un thermomètre, et nous avons pu ainsi recueillir des notions sur la température de points sur lesquels nous ne sommes restés que pendant quelques jours : plaine de la Métidja, petit Atlas, Médéya et Oran.

A Alger, nous avions établi un observatoire sur la terrasse de la maison d'Omar Cogia, rue de la Fonderie, n° 7. Cet observatoire était un pavillon carré, en planches, dont les faces étaient orientées. Le ménisque inférieur du baromètre, suspendu en plein air, toujours du côté opposé au soleil, se trouvait être à $34^m,18$ au dessus du niveau de la mer, pris dans le port d'Alger, par un calme plat. Le thermomètre libre a toujours été placé à côté du baromètre. Pendant les deux derniers mois, ces instrumens ont été transportés dans un autre observatoire, construit sur la terrasse du phare de la marine; ici, le ménisque inférieur du baromètre ne se trouvait qu'à $24^m,07$ au dessus du niveau de la mer.

Nos instrumens étaient de Bunten, artiste très habile. Avant de partir, ils avaient été comparés à ceux de l'Observatoire royal de Paris, et à mon retour en France, j'ai rapporté le thermomètre qui nous avait servi à déterminer la température de l'air ; M. Pouillet a bien voulu se charger de le vérifier, et le zéro s'est trouvé d'un degré plus élevé que celui de Paris. Dans la formation du tableau suivant, j'ai tenu compte des différences de nos instrumens avec ceux de Paris, et toutes les hauteurs barométriques ont été réduites à la température de la glace fondante : ainsi, elles sont très comparables avec celles de l'Observatoire de Paris, publiées dans la *Connaissance des Temps*.

J'ai fait, conjointement avec mon camarade Levret, une très grande partie des observations consignées dans ce tableau; nous nous étions arrangés de manière à ce qu'il y en eût toujours un qui observât pendant que l'autre était absent. Cependant, nous fûmes quelquefois forcés de nous absenter ensemble ; et M. Levret, ayant été envoyé à Oran, je suis resté seul pendant plus de trois mois. Ces différentes circonstances sont cause qu'il y a eu plusieurs interruptions dans le cours de nos observations; ce qui fait qu'aujourd'hui je ne puis pas les combiner, pour en conclure rigoureusement la hauteur moyenne du baromètre, ni la température moyenne pendant le temps qu'elles ont duré; mais les résultats obtenus peuvent se comparer à ceux d'autres contrées, et donner ainsi une idée très exacte des phénomènes météorologiques sur la côte d'Alger. En comparant, heure par heure, les hauteurs barométriques avec celles observées dans une autre contrée, on pourrait parfaitement déterminer la différence de niveau entre les deux points d'observation. Sous ce rapport, elles pourront être utiles pour résoudre la question de savoir si la Méditerranée est plus basse que l'Océan, comme l'ont prétendu quelques observateurs (1).

Voici le tableau de nos observations météorologiques, dans l'ordre où elles ont été faites et avec l'indication des heures du jour :

---

(1) Il est bon de dire ici que cette opinion n'est fondée sur aucune observation directe, et que les travaux du colonel Corabœuf l'infirment complétement. Cet ingénieur a établi, sur la crête des Pyrénées, une chaîne de triangles de l'Océan à la Méditerranée, et les calculs, faits avec toute la rigueur voulue, n'ont pas donné une différence de niveau sensible entre les deux mers.

TABLEAU des observations météorologiques *faites à Alger, à l'Observatoire, rue de la Fonderie, pendant l'année 1830. Ménisque inférieur du Baromètre, à 34,^{m}18 au dessus du niveau moyen de la mer.*

MOIS.	ÉPOQUES du JOUR.	Baromètre.	Thermomètre.	ÉTAT DU CIEL.	VENTS.	ÉTAT de LA MER.
		mm.	deg.			
AOUT.	Lever du sol.,		25,00			
	9 h. du matin.	761,11	29,00	beau temps.	E.	
31	Midi.......	759,93	27,75	id.	E.	
	3 h. du soir,	759,40	26,75	id.	N.-O.	
	couc. du sol.		25,00	id.	N.-O.	
SEPT.	Lever du sol.,		25,00	brumeux.		
	9 h. du matin.	761,45	28,25			
1	Midi.......	760,80	27,75			
	3 h. du soir,	760,03	27,00	nuageux.	N.-E.	
	couc. du sol.					
	Lever du sol.,		24,00			
	9 h. du matin.	761,42	29,00	beau.	N.-E.	
2	Midi.......	760,34	28,00	id.	N.-E.	
	3 h. du soir,	758,76	29,00	id.	N.-E.	
	couc. du sol.		26,50			
	Lever du sol.,		23,00	brumeux.		
	9 h. du matin.	756,48	27,00	id.		
3	Midi.......	756,11	33,00	id.	O.	
	3 h. du soir,	754,63	26,50	id.	N.	
	couc. du sol.		26,00			
	Lever du sol.,		24,00			
	9 h. du matin.	754,29	26,50	nuageux.	E. faible.	
4	Midi.......					
	3 h. du soir,	754,70	26,90	couvert.		
	couc. du sol.		24,50			

MOIS.	ÉPOQUES du JOUR.	Baromètre.	Thermomètre.	ÉTAT DU CIEL.	VENTS.	ETAT de LA MER.
SEPT. 5	Lever du sol.,	mm.	deg. 22,50			
	9 h. du matin.	759,15	22,50	pluie.	N.-E.	
	Midi........	758,84	25,50	beau.	N.-E.	
	3 h. du soir,	758,62	25,00	id.	N.-E.	
	couc. du sol.		22,75			
6	Lever du sol.,		18,00	beau.		
	9 h. du matin.	658,36	25,00	id.	N.-E.	
	Midi........	758,65	25,50	id.	N.	
	3 h. du soir,	758,42	25,00	brumeux.	N.-E.	
	couc. du sol.		23,00			
7	Lever du sol.,		21,75			
	9 h. du matin.	760,12	24,00	couvert.	N.	
	Midi........	759,07	25,30	id.	N.	
	3 h. du soir,	758,91	24,50	id.	N.	
	couc. du sol.		22,00	id.		
8	Lever du sol.,		22,00			
	9 h. du matin.	756,85	26,60	orage.	S.-E. faible.	
	Midi........	756,59	27,00	tonnerre.	N.-O. fort.	tr. agitée
	3 h. du soir,	756,49	25,50	pluie.	N.-O. t. fort.	
	couc. du sol.		22,00			
9	Lever du sol.,		20,00			
	9 h. du matin.	760,26	23,50	beau.	S.-E.	
	Midi........	759,98	24,00	id.	S.-E.	
	3 h. du soir,	758,78	24,70	id.	N.-O.	
	couc. du sol.		22,00			
10	Lever du sol.,		22,00			
	9 h. du matin.	757,49	25,00	beau.	N.-E. faible.	
	Midi........	757,25	27,00	id.	N.-O.	
	3 h. du soir,	756,57	26,40	id.	N.-O.	
	couc. du sol.		22,00			

MOIS.	ÉPOQUES du JOUR.	Baromètre.	Thermomètre.	ÉTAT DU CIEL.	VENTS.	ÉTAT de LA MER.
Sept. 11	Lever du sol.,		mm. 22,00			
	9 h. du matin.	758,35	deg. 25,30	beau.	N. fort.	
	Midi.......	757,75	27,00	nuageux.	N.-O. fort.	
	3 h. du soir,	758,22	27,10	beau.	N. fort.	
	couc. du sol.		22,50			
12	Lever du sol.,		21,00			
	9 h. du matin.	759,12	25,00	beau.	nul.	calme.
	Midi.......	758,27	25,00	id.	N.-O.	
	3 h. du soir,	757,24	25,30	id.	N.-O. faible.	
	couc. du sol.		22,00			
13	Lever du sol.,		19,50			
	9 h. du matin.	757,24	25,00	beau.	N.-O.	
	Midi.......	757,00	25,50	id.	N.-O.	
	3 h. du soir,	756,72	26,25	id.	N.-O.	
	couc. du sol.		21,50			
14	Lever du sol.,		19,10			
	9 h. du matin.	757,17	26,30	beau.	S.	
	Midi.......	757,00	24,50	id.	N.	
	3 h. du soir,	755,90	24,75	id.	N.	
	couc. du sol.		21,50			
15	Lever du sol.,		21,50			
	9 h. du matin.	758,70	28,40	beau.	N. faible.	
	Midi.......	758,63	26,60	id.	N. faible.	
	3 h. du soir,	758,46	26,00	id.	N. faible.	
	couc. du sol.		22,00			
16	Lever du sol.,					
	9 h. du matin.					
	Midi.......					
	3 h. du soir,	758,49	24,00	très beau.		
	couc. du sol.					

MOIS.	ÉPOQUES du JOUR.	Baromètre.	Thermomètre.	ÉTAT DU CIEL.	VENTS.	ÉTAT de LA MER.
		mm.	deg.			
Sept. 17	Lever du sol.,		26,25	brumes rouss.	S.	
	9 h. du matin.	757,25	33,75	id. chaleur.	S.	
	Midi........	756,72	38,00	étouffante.	S.	
	9 h. du soir,	756,80	33,50	id. un peu de pl.	S. étouffant.	
	couc. du sol.		30,00			
18	Lever du sol.,		22,50			
	9 h. du matin.	758,32	25,50	vaporeux.	S.-E. faible.	
	Midi........	758,36	25,30	nuageux.	N.-O. fort.	
	3 h. du soir,	758,67	27,70	id.	O.-N.-O.	
	couc. du sol.		23,00			
19	Lever du sol.,		22,00			
	9 h. du matin.	763,35	27,30	beau.		
	Midi........	763,23	25,00	id.	N.-O. fort.	
	3 h. du soir,	762,71	23,80	couvert.	E.	
	couc. du sol.		22,50			
20	Lever du sol.,		19,50			
	9 h. du matin.	761,14	23,00	beau.	N.	
	Midi........	760,20	24,40	id.	N.	
	9 h. du soir,	759,50	24,00	vaporeux.	N.	
	couc. du sol.		21,50			
21	Lever du sol.,		20,25			
	9 h. du matin.	754,21	25,80	brumeux.	S.-E. faible.	
	Midi........	752,45	26,50	id.	S.-E. faible.	
	3 h. du soir.	751,20	27,75	couvert.	O.	
	couc. du sol.		24,00		N. très fort.	
22	Lever du sol.,		18,75			
	9 h. du matin.	757,82	20,50	beau.	N.-O.	houleuse.
	Midi........	758,09	22,30	id.	N.-O.	houleuse.
	3 h. du soir,	758,76	22,60	id.	N.-O.	agitée.
	couc. du sol.		18,50			

DANS LA RÉGENCE D'ALGER.

MOIS.	ÉPOQUES du JOUR.	Baromètre.	Thermomètre.	ÉTAT DU CIEL.	VENTS.	ÉTAT de LA MER.
		mm.	deg.			
Sept. 23	Lever du sol.,		15,10	très frais.		
	9 h. du matin.	763,77	23,00	beau.	S.-O. faible.	calme.
	Midi........	763,57	23,00	id.	N. faible.	calme.
	3 h. du soir,	761,76	23,25	id.	N.-E.	calme.
	couc. du sol.		19,00			
24	Lever du sol.,		18,50			
	9 h. du matin.	762,31	25,25	beau.	nul.	calm. plat
	Midi........	761,78	23,50	id.	N.	calm. plat
	3 h. du soir,	760,50	25,40	id.	nul.	calm. plat
	couc. du sol.		21,00			
25	Lever du sol.,		19,00			
	9 h. du matin.	760,27	23,60	brumeux.	N.-O.	calme.
	Midi........	760,86	21,00	pluie fine.	E.	agitée.
	3 h. du soir,	761,09	19,00	pluie.	N. fort.	tr. agitée.
	couc. du sol.		19,00			
26	Lever du sol.,			pluie.		
	9 h. du matin.					
	Midi........	763,54	23,30	couvert.	N.-E. t. fort.	tr. agitée.
	3 h. du soir,	762,29	18,50	pluie.	N.-E. t. fort.	tr. agitée.
	couc. du sol.		18,00			
27	Lever du sol.,		14,50	pl. battante.		
	9 h. du matin.	763,41	16,20	couvert.	N.-E.	tr. agitée.
	Midi........	762,52	21,00	pluie.	N.-E.	tr. agitée.
	3 h. du soir.	761,53	19,00	couvert.	N.-E.	tr. agitée.
	couc. du sol.		17,00	pluie forte.		
28	Lever du sol.,		16,00	frais.		
	9 h. du matin.	758,96	19,20	nuageux.	N.	calme.
	Midi........	758,01	20,00	beau.	N.	calme.
	3 h. du soir,	757,68	20,80	pluie.	N.-O.	agitée.
	couc. du sol.		17,50	id.		

MOIS.	ÉPOQUES du JOUR.	Baromètre.	Thermomètre.	ÉTAT DU CIEL.	VENTS.	ÉTAT de LA MER.
		mm.	deg.			
Sept. 29	Lever du sol.,		16,50			
	9 h. du matin.	758,69	20,50	couvert.	nul.	houleuse.
	Midi........	758,44	23,40	beau.	nul.	houleuse.
	3 h. du soir,	758,03	22,30	id.	N.-O.	houleuse.
	couc. du sol.		19,00			
30	Lever du sol.,		17,50	très beau.		
	9 h. du matin.	757,14	22,50	id.	S.-E. faible.	houleuse.
	Midi........	757,86	22,00	id.	N.-O.	houleuse.
	3 h. du soir,	757,53	23,80	id.	N.-E.	agitée.
	couc. du sol.		20,25			
Octob 1	Lever du sol.,		16,00			
	9 h. du matin.	759,97	22,60	très beau.	N.-E. faible.	
	Midi........	759,75	23,00	id.	N.-E. faible.	agitée.
	3 h. du soir,	759,17	23,00	id.	N.-E. fort.	tr. agitée.
	couc. du sol.		20,00			
2	Lever du sol.,		19,50			
	9 h. du matin.	760,65	22,00	brumeux.	nul.	calme.
	Midi........	760,71	22,50	id.	N.-E.	calme.
	3 h. du soir,	759,98	22,00	pluie.	E.-N.-E.	
	couc. du sol.		20,50			
3	Lever du sol.,					
	9 h. du matin.	759,65	20,80	pluie.	N.-E.	agitée.
	Midi........	759,64	19,50	id.	E.	agitée.
	3 h. du soir,	758,98	21,00	brumeux.	N.-E.	agitée.
	couc. du sol.		19,00			
4	Lever du sol.,		18,50	brouillard.		
	9 h. du matin.	760,53	22,50	brumeux.	N.-E. faible.	calme.
	Midi........	760,82	21,00	pluie fine.	E.	calme.
	3 h. du soir,	760,94	19,00	pluie.	S.-E.	peu agitée.
	couc. du sol.		18,25	très humide.		

MOIS.	ÉPOQUES du JOUR.	Baromètre.	Thermomètre.	ÉTAT DU CIEL.	VENTS.	ÉTAT de LA MER.
		mm.	deg.			
Octob 5	Lever du sol.,		18,50	brouillard.		
	9 h. du matin.	763,79	21,50	beau.	S.-E. faible	houleuse.
	Midi........	763,42	22,00	id.	N.-O.	calme.
	3 h. du soir,	762,97	22,00	nuageux.	N.-E.	calme.
	couc. du sol.		19,00			
6	Lever du sol.,		16,00	beau.	nul.	
	9 h. du matin.	763,19	20,30	nuageux.	E. faible.	calme.
	Midi........	762,96	23,00	beau.	nul.	calme.
	3 h. du soir,	762,65	22,20	id.	N.-E. faible	calme.
	couc. du sol.		18,00			
7	Lever du sol.,					
	6 h. du matin.	762,71	16,00	beau.	nul.	houleuse.
	Midi........					
	6 h. du soir,	764,34	18,00	id.	N.-E.	calme.
	couc. du sol.					
8	Lever du sol.,		16,00			
	9 h. du matin.	765,55	19,00	beau.	E. faible.	calme.
	Midi........	765,31	19,50	id.	E. faible.	calme.
	3 h. du soir,	764,68	20,40	id.	O. fort.	moutonn.
	couc. du sol.		18,00			
9	7 h. du matin.	764,76	16,25	beau.	E.	calme.
	2 h. du soir.		18,50	id.		calme.
	6 h. du soir.	764,25	18,00	id.	N.-E.	calme.
10	Lever du sol.,		16,00			
	9 h. du matin.	764,39	20,30	beau.	nul.	calme.
	Midi........	763,75	23,25	id.	N.-O.	calme.
	3 h. du soir,	763,24	20,30	id.	N.-E.	moutonn.
	couc. du sol.		17,00			

MOIS.	ÉPOQUES du JOUR.	Baromètre.	Thermomètre.	ÉTAT DU CIEL.	VENTS.	ÉTAT de LA MER
		mm.	deg.			
Octob 11	Lever du sol.,		15,60	forte rosée.		
	9 h. du matin,	763,35	21,00	beau.	nul.	calme.
	Midi........	762,48	20,50	id.	nul.	calme.
	3 h. du soir.	761,67	22,00	id.	N.-O. faible.	calme.
	couc. du sol.		17,50			
12	3 h. ½ du soir,	760,68	22,10	beau.	N. faible.	calme.
	couc. du sol.		17,50			
13	Lever du sol.,		15,00	forte rosée.		
	9 h. du matin.	761,81	19,50	beau.	nul.	calme.
	Midi........	761,73	22,60	id.	N.-O. faible.	calme.
	3 h. du soir,	761,16	22,00	id.	N. faible.	calme.
	couc. du sol.		17,50			
14	Lever du sol.,		15,50	forte rosée.		
	9 h. du matin.	761,50	21,10	beau.	N.-E.	calme.
	Midi........	760,85	20,50	id.	E.	peu agitée
	3 h. du soir,	760,38	21,40	id.	nul.	calme.
	couc. du sol.		17,50			
15	Lever du sol.,		16,30			
	9 h. du matin.	760,84	21,00	nuageux.	nul.	calme.
	Midi........	760,52	20,75	beau.	nul.	calme.
	3 h. du soir,	760,19	20,00	id.	N.-E. faible.	peu agitée
	couc. du sol.		17,50			
16	Lever du sol.,		15,80	forte rosée.		
	9 h. du matin.	763,90	21,20	beau.	N. faible.	calme.
	Midi........	762,95	21,80	id.	N.-O.	calme.
	3 h. du soir,	763,13	21,00	id.	nul.	calme.
	couc. du sol.		17,00	id.		

MOIS.	ÉPOQUES du JOUR.	Baromètre.	Thermomètre.	ÉTAT DU CIEL.	VENTS.	ÉTAT de LA MER.
		mm.	deg.			
Octob 17	Lever du sol.,		14,25	forte rosée.		
	9 h. du matin.	766,65	19,00	beau.	nul.	calme.
	Midi........	766,45	21,00	id.	N.-E. faible.	calme.
	3 h. du soir,	766,14	19,00	id.	N.	peu agitée
	couc. du sol.		16,20			
18	Lever du sol.,		15,25	forte rosée.		
	9 h. du matin.	767,93	19,30	beau.	N.-E. faible.	calme.
	Midi........	767,44	22,60	id.	N. faible.	calme.
	3 h. du soir,	766,05	20,80	id.	nul.	calme.
	couc. du sol.		17,00			
19	Lever du sol.,		14,50			
	9 h. du matin.	765,13	18,50	beau.	N. faible.	calme.
	Midi........	764,32	21,50	id.	N.	houleuse.
	3 h. du soir,	763,49	21,60	id.	N.-E.	calme.
	couc. du sol.		17,30			
20	Lever du sol.,		17,00		S.	
	9 h. du matin.	763,79	21,00	beau.	nul.	calme.
	Midi........	763,29	22,80	id.	N.	calme.
	3 h. du soir,	763,11	22,20	id.	N.-O.	calme.
	couc. du sol.		18,00			
21	Lever du sol.,		16,00			
	9 h. du matin.	766,87	20,50	nuageux.	E.	calme.
	Midi........	766,64	20,25	beau.	N.	peu agitée
	3 h. du soir,	766,47	21,40	id.	N.-N.-O.	peu agitée
	couc. du sol.		18,00			
22	Lever du sol.,		16,50		S.	
	9 h. du matin.	768,80	20,80	nuageux.	N.	calme.
	Midi........	768,40	19,10	id.	N.	peu agitée
	3 h. du soir,	767,73	19,80	beau.	O.	moutonn.
	couc. du sol.		17,30			

MOIS.	ÉPOQUES du JOUR.	Baromètre.	Thermomètre	ÉTAT DU CIEL.	VENTS.	ÉTAT de LA MER.
		mm.	deg.			
Octob 23	Lever du sol.,		14,50	peu de rosée.		
	9 h. du matin.	769,29	19,50	beau.	nul.	calme.
	Midi.......	768,70	21,00	id.	N. faible.	calme.
	3 h. du soir,	767,92	19,00	id.	N. faible.	peu agitée
	couc. du sol.		17,00			
24	Lever du sol.,		14,00			
	9 h. du matin.	767,97	19,00	beau.	S.-E.	calme.
	Midi.......	767,08	20,00	id.	nul.	calme.
	3 h. du soir,	766,20	19,00	id.	N.	peu agitée
	couc. du sol.		17,00			
25	Lever du sol.,		15,00	pluie.	O.	
	9 h. du matin.	765,96	18,80	nuageux.	S.-O.	calme.
	Midi.......	765,36	20,00	pluie.	O.	calme.
	3 h. du soir,	764,13	19,80	nuageux.	O.	calme.
	couc. du sol.		16,50			
26	Lever du sol.,		15,00	pluie.		
	9 h. du matin.	764,46	17,80	beau.	N.-O. faible.	calme.
	Midi.......	763,60	20,00	nuageux.	N.	peu agitée
	3 h. du soir,	762,54	20,00	beau.	N.	calme.
	couc. du sol.		16,50			
27	Lever du sol.,		14,00	orage, pl. et tonn.	S.-O.	
	9 h. du matin.	761,67	13,80	pluie forte.	S.-O.	
	Midi.......	761,13	17,50	pluie.	N.	calme.
	3 h. du soir,	761,27	14,80	pluie forte.	O.	calme.
	couc. du sol.					
28	Lever du sol.,		14,50	forte pluie.	N.	
	9 h. du matin.	767,03	15,20	id.	N.	très agitée
	Midi.......	767,07	16,50	couvert.	N. très fort.	très agitée
	3 h. du soir,	767,31	16,60	id.	N. très fort.	très agitée
	couc. du sol.		15,00			

MOIS.	ÉPOQUES du JOUR.	Baromètre.	Thermomètre.	ÉTAT DU CIEL.	VENTS.	ÉTAT de LA MER.
		mm.	deg.			
Octob 29	Lever du sol.,		15,00	léger brouill.		
	9 h. du matin.	766,65	16,50	beau.	S.	calme.
	Midi........	765,62	18,60	id.	N. faible.	calme.
	3 h. du soir,	764,12	17,30	id.	N. faible.	calme.
	couc. du sol.		15,50			
30	Lever du sol.,		13,50	frais.		
	9 h. du matin.	759,93	15,00	brumeux.	nul.	calme.
	Midi........	758,83	18,50	couvert.	N.-O.	agitée.
	3 h. du soir,	757,54	17,60	nuageux.	O.	agitée.
	couc. du sol.					
31	Lever du sol.,		14,00	pluie la nuit.		
	9 h. du matin.	762,97	15,10	couvert.	N.-E.	agitée.
	Midi........	763,55	17,50	nuageux.	N.-E.	peu agitée
	3 h. du soir,	763,89	15,20	couvert.	N.-E.	très agitée
	couc. du sol.					
Nov. 1	Lever du sol.,		13,00			
	9 h. du matin.	768,49	16,50	très beau.	nul.	houleuse.
	Midi........	768,23	19,00	id.	N.-O.	houleuse.
	3 h. du soir,	767,34	17,50	id.	N.-O.	houleuse.
	couc. du sol.		15,00			
2	Lever du sol.,		13,60	frais.		
	9 h. du matin.	766,37	16,40	beau.	nul.	calme.
	Midi........	765,47	18,00	id.	E.	agitée.
	3 h. du soir,	764,23	18,20	id.	E.	agitée.
	couc. du sol.					
3	Lever du sol.,		14,00	forte rosée.		
	9 h. du matin.	763,98	17,70	beau.	nul.	calme.
	Midi........	763,67	19,50	id.	N.	calme.
	3 h. du soir,	763,02	19,00	id.	N.-O.	calme.
	couc. du sol.		16,40			

MOIS.	EPOQUES du JOUR.	Baromètre.	Thermomètre.	ÉTAT DU CIEL.	VENTS.	ÉTAT de LA MER.
		mm.	deg.			
Nov.	6 h. du soir.	763,73				
3	9 h. du soir.	763,79				
	Minuit......	763,83				
4	3 h. du matin.	764,09				
	6 h. du matin.	764,29				
	Lever du sol.,		14,00	rosée.		
	9 h. du matin.	765,64	17,00	brumeux.	nul.	calme.
4	Midi........	765,18	19,20	nuageux.	nul.	calme.
	3 h. du soir,	764,46	18,50	beau.	N.-E. faible.	calme.
	couc. du sol.		16,00			
	Lever du sol.,		14,00	rosée.		
	9 h. du matin.	765,39	17,70	beau.	nul.	calme.
5	Midi........	764,71	18,00	id.	nul.	calme.
	3 h. du soir,	763,83	17,70	id.	N.-E. faible.	calme.
	couc. du sol.		16,50			
	Lever du sol.,		14,20	rosée.		
	9 h. du matin.	762,89	18,70	beau.	nul.	calme.
6	Midi........	762,21	19,50	id.	nul.	calme.
	3 h. du soir,	761,73	18,70	id.	nul.	un peu ag.
	couc. du sol.		17,00			
	Lever du sol.,		17,00		S. fort.	
	9 h. du matin.	758,35	19,50	brumes rous.	S. fort.	un peu ag.
7	Midi........	758,66	23,70	id.	S. fort.	un peu ag.
	3 h. du soir,	757,75	24,00	id.	S. faible.	calme.
	couc. du sol.		21,00	id.	S. faible.	
	Lever du sol.,		19,00	brumeux.	S.-S.-E.	
	9 h. du matin.	759,09	20,90	couvert.	S.	peu agitée
8	Midi........	758,77	22,00	id.	S. faible.	peu agitée
	3 h. du soir,	758,25	22,00	id.	nul.	calme.
	couc. du sol.		21,00	cou. et brum.	S.	

DANS LA RÉGENCE D'ALGER. 95

MOIS.	ÉPOQUES du JOUR.	Baromètre.	Thermomètre.	ÉTAT DU CIEL.	VENTS.	ÉTAT de LA MER.
		mm.	deg.			
Nov. 9	Lever du sol.,		19,00	beau.	S. faible.	
	9 h. du matin.	760,03	22,20	id.	S. faible.	calme.
	Midi.......	759,46	24,20	id.	S.-E. faible.	calme.
	3 h. du soir,	758,58	23,20	brumeux.	nul.	calme.
	couc. du sol.		20,00		S.	
10	Lever du sol.,		18,00	brumeux.	S.	
	9 h. du matin.	760,56	21,00	cou. et brum.	S.	calme.
	Midi.......	760,02	21,70	couvert.	N.-O.	calme.
	3 h. du soir,	760,53	17,70	pluie forte.	O.-N.-O.	un peu ag.
	couc. du sol.		15,50	pluie.		
11	Lever du sol.,		13,50	pluie.		
	9 h. du matin.	764,88	16,70	id.	N.-O.	peu agitée
	Midi.......	764,50	18,50	couvert.	N.-O.	peu agitée
	3 h. du soir,	764,42	17,60	pluie.	N.-O.	houleuse.
	couc. du sol.					
12	Lever du sol.,		13,50	beau.		
	9 h. du matin.	765,55	16,10	brumeux.	S.-O.	calme.
	Midi.......	765,00	17,00	beau.	N.-O.	peu agitée
	3 h. du soir,	763,98	17,00	id.	N.	peu agitée
	couc. du sol.		13,80			
13	Lever du sol.,		12,00	forte rosée.		
	Midi.......			beau.		calme.
	Couc. du sol.		16,00	brumeux.		
14	Lever du sol.,		13,50		S.-O.	
	9 h. du matin.	762,40	16,60	beau.	N.-O. faible.	calme.
	Midi.......	762,16	19,50	id.	N.-O. faible.	peu agitée
	3 h. du soir,	761,18	17,50	id.	O.	peu agitée
	couc. du sol.		15,50			

MOIS.	ÉPOQUES du JOUR.	Baromètre.	Thermomètre.	ETAT DU CIEL.	VENTS.	ÉTAT de LA MER.
		mm.	deg.			
Nov. 15	Lever du sol.,					
	9 h. du matin.	763,61	19,20	beau.	S. faible.	calme.
	Midi.......	763,47	20,70	cou. et lourd.	nul.	calme.
	3 h. du soir,	762,90	18,30	id.	nul.	calme.
	couc. du sol.		16,50	couvert.		
16	Lever du sol.,		13,00	forte rosée.		
	9 h. du matin.	762,70	16,50	beau brum.	nul.	calme.
	Midi.......	761,72	19,00	beau.	N.-O.	calme.
	3 h. du soir,	760,65	18,60	id.	nul.	calme.
	couc. du sol.					
Déc. 1	Lever du sol.,		10,50	pluie.		
	9 h. du matin.	757,91	13,60	id.	S.-O.	agitée.
	Midi.......	757,85	13,80	nuageux.	N.-N.-O.	houleuse.
	3 h. du soir,	758,27	15,00	couvert.	N.-N.-O.	houleuse.
	couc. du sol.		13,00			
2	Lever du sol.,		10,50	beau.		
	9 h. du matin.	761,76	13,55	id.	S.-E. faible.	calme.
	Midi.......	760,67	18,10	id.	N.-O. faible.	calme.
	3 h. du soir,	760,42	17,00	nuageux.	nul.	calme.
	couc. du sol.					
3	Lever du sol.,		14,50	bru. et pluie.	S.	
	9 h. du matin.	756,87	13,20	pluie.	S.-S.-O.	calme.
	Midi.......	755,02	16,00	couvert.	S.	calme.
	3 h. du soir,	753,85	17,70	id.	S.-O.	calme.
	couc. du sol.		16,00		S.	
4	Lever du sol.,		13,00	pl. et orage.	S.-O.	
	9 h. du matin.	753,11	13,40	id.	N.-O. fort.	agitée.
	Midi.......	752,68	18,00	ton. et éclairs.	S.	houleuse.
	3 h. du soir,	752,65	12,50	orage, pluie.	N.-O.	agitée.
	couc. du sol.			tonnerre, etc.		

MOIS.	EPOQUES du JOUR.	Baromètre.	Thermomètre.	ÉTAT DU CIEL.	VENTS.	ÉTAT de LA MER.
		mm.	deg.			
Déc. 5	Lever du sol.,		12,00	pluie, la nuit.	S.	
	9 h. du matin.	757,22	14,60	orage et pluie	O.-S.-O.	moutonn.
	Midi.......	756,77	16,80	nuageux.	O.	moutonn.
	3 h. du soir,	756,75	14,20	couv. et froid.	N.-O.	moutonn.
	Couc. du sol.		14,00	id.	N.-O.	
6	Lever du sol.,		14,80	couvert.	S. fort.	
	9 h. du matin.	754,10	17,30	orageux.	S. fort.	calme.
	Midi.......	752,61	19,50	id.	S. faible.	calme.
	3 h. du soir,	752,48	18,60	couvert.	N.-O.	moutonn.
	Couc. du sol.					
7	Lever du sol.,		13,20	pluie.		
	9 h. du matin.	754,96	14,00	id.	N.-N.-O.	moutonn.
	Midi.......	754,42	16,80	nuageux.	S.-S.-O.	moutonn.
	3 h. du soir,	754,07	14,60	beau.	N.-O.	moutonn.
	Couc. du sol.					
8	Lever du sol.,		11,30	pluie, la nuit.	S.-E.	
	9 h. du matin.	757,66	13,50	beau.	S.	calme.
	Midi.......	756,81	17,80	id.	S.-S.-O.	calme.
	3 h. du soir,	756,77	16,50	id.	S.	calme.
	Couc. du sol.					
9	Lever du sol.,		13,80			
	9 h. du matin.	751,73	18,40	orageux.	O.-S.-O.	calme.
	Midi.......	749,45	20,40	id.	O.-S.-O.	calme.
	3 h. du soir,	748,21	19,60	couvert.	S.-O.	calme.
	Couc. du sol.					
10	Lever du sol.,		10,80	pluie, la nuit.		
	9 h. du matin.	750,81			O.	calme.
	Midi.......		14,70	couvert.		
	3 h. du soir,			pluie forte.	O.-N.-O.	calme.
	Couc. du sol.					

I.

MOIS.	ÉPOQUES du JOUR.	Baromètre.	Thermomètre.	ÉTAT DU CIEL.	VENTS.	ÉTAT de LA MER.
		mm.	deg.			
Déc. 16	Lever du sol.,			pluie.		
	9 h. du matin.		8,00			
	Midi........	757,66	9,00	pluie forte.	N.-O.	houleuse.
	3 h. du soir,	757,39	10,00	pluie.	N.-N.-O.	houleuse.
	Couc. du sol.		10,00	froid humide		
17	Lever du sol.,		8,50			
	9 h. du matin.	754,59	8,80	couvert.	S.-E.	peu agitée
	Midi........	753,90	11,10	nuageux.	S.-E.	peu agitée
	3 h. du soir,	754,52	11,00	beau et froid.	S.-E.	moutonn.
	Couc. du sol.		10,50			
18	Lever du sol.,		7,50	froid, pl., la nuit.		
	9 h. du matin.	755,04	8,10	couvert.	S.-O.	calme.
	Midi........	753,35	10,00	id.	S.-O.	calme.
	3 h. du soir,	752,78	10,00	id.	nul.	calme.
	Couc. du sol.		9,00	pluie.		
19	Lever du sol.,		7,00	beau.	S.-O.	
	9 h. du matin.	752,40	8,00	id.	S.-O.	peu agitée
	Midi........	751,87	12,00	id.	S.-O.	calme.
	3 h. du soir,	752,07	11,10	couvert.	N. faible.	peu agitée
	Couc. du sol.		9,50	un peu de pl.		
20	Lever du sol.,		9,50		N.	
	9 h. du matin.	756,94	10,50	pluie fine.	N.	très agitée
	Midi........	756,80	10,80	couvert.	N.	très agitée
	3 h. du soir,	756,70	10,70	couv. et froid.	N.	très houl.
	Couc. du sol.		9,00	pluie.		
21	Lev. du sol..		11,20	grêle et pluie	O.	
	9 h. du matin.	752,89	12,00	couvert.	N.-O. fort.	tr. mauv.
	Midi........	752,32	12,00	beau.	N.-O. fort.	tr. mauv.
	3 h. du soir,	753,63	10,80	id.	N.-O. fort.	tr. mauv.
	Couc. du sol.		8,50	froid.		

MOIS.	ÉPOQUES du JOUR.	Baromètre.	Thermomètre.	ÉTAT DU CIEL.	VENTS.	ÉTAT de LA MER.
		mm.	deg.			
Déc. 22	Lever du sol.,		8,50	pluie, la nuit.		
	9 h. du matin.	760,25	9,50	brumeux.	S.-O.	houleuse.
	Midi.......	760,48	12,50	id.	nul.	houleuse.
	3 h. du soir,	760,73	11,50	id.	nul.	houleuse.
	Couc. du sol.		10,00	beau.		
23	Lever du sol.,		8,50	beau.		
	9 h. du matin.	759,68	11,80	très beau.	S.-O. faible.	calme.
	3 h. du soir,	755,88	13,60	id.	N.	peu agitée.
	Couc. du sol.		10,00	beau.		
24	Lever du sol.,		10,00	couvert.	S.-O.	
	9 h. du matin.	751,79	11,30	id.	S.-O.	peu agitée.
	Midi.......	749,69	14,60	id.	S.	peu agitée.
	3 h. du soir,	748,02	13,00	id.	S.	peu agitée.
	Couc. du sol.		11,50			
25	Lever du sol.,		4,00	très froid.		
	9 h. du matin.	749,98	2,80	neige, pluie, orag. très froid.	nul.	houleuse.
	Midi.......	748,40	6,30	or., fr., tonn.	S.-O.	moutonn.
	3 h. du soir,	747,39	7,08	id.	N.-O.	moutonn.
	Couc. du sol.		6,50	froid.		
26	Lever du sol.,		6,00	pluie, gelée et ton.	N.-O. affreux	
	9 h. du matin.	752,50	6,00	id., t. affreux.	N.-O. affreux	mer affr.
	Midi.......	755,19	6,60	id.	N.-O. affreux	mer affr.
	3 h. du soir..	757,80	7,90	moins mauv.	N.-N.-O. t. f.	mer affr.
	Couc. du sol.		7,00	presque beau.		
27	Lever du sol.,		8,00	froid.	S.-O.	
	9 h. du matin.	761,54	9,10	brumeux.	S.	peu agitée.
	Midi.......	760,32	13,80	id.	N.	peu agitée.
	3 h. du soir,	759,78	14,50	id.	nul.	peu agitée.
	Couc. du sol.		11,00	beau.		

MOIS.	ÉPOQUES du JOUR.	Baromètre.	Thermomètre.	ÉTAT DU CIEL.	VENTS.	ÉTAT de LA MER.
		mm.	deg.			
28	Lever du sol.,		10,00	brumeux.	nul.	
	9 h. du matin.	760,39	12,00	id.	S. faible.	calme.
	Midi.......	759,02	15,00	id.	S. faible.	calme.
	3 h. du soir.,	758,49	13,30	id.	S. faible.	peu agité
	Couc. du sol.		11,00			
Janv. 1831. 5	Lever du sol.,		10,00	brumeux.		
	9 h. du matin.	761,63	12,00	id.	nul.	calme.
	Midi.......	762,19	14,20	id.	N. faible.	peu agité
	3 h. du soir.,	762,26	13,00	id.	N. faible.	calme.
	Couc. du sol.		12,00			
6	Lever du sol.,		10,50	forte rosée.		
	9 h. du matin,	761,95	13,00	beau.	N.-O. faible.	peu agité
	11 h. ½......	761,62	14,00	id.	N.-O. faible.	peu agité
	3 h. du soir.,	760,19	12,80	id.	N.-O. faible.	peu agité
	Couc. du sol.		12,02			
7	Lever du sol.,		11,60	pluie.		
	9 h. du matin.	755,58	9,00	pluie, froid.	N. très fort.	tr. mauv.
	Midi.......	755,86	7,00	id.	N. très fort.	tr. mauv.
	3 h. du soir.,	756,10	7,00	id.	N. très fort.	tr. mauv.
	Couc. du sol.		7,00			
8	Lever du sol.,		8,00	pluie, la nuit.	N. affreux.	
	9 h. du matin.	757,02	8,50	pluie.	N. affreux.	tr. mauv.
	Midi.......	756,55	8,30	id.	N. affreux.	tr. mauv.
	3 h. du soir.,	756,69	9,90	couvert.	N.	tr. mauv.
	Couc. du sol.		10,00	pluie forte.		
9	Lever du sol.,		10,50	pluie, la nuit.	N. fort.	
	9 h. du matin.	760,40	11,00	couvert.	N. fort.	tr. mauv.
	Midi.......	760,11	11,30	id.	N. fort.	tr. mauv.
	3 h. du soir.,	759,69	10,90	id.	N. fort.	tr. mauv.
	Couc. du sol.		10,50		N.-E. faible.	

MOIS.	ÉPOQUES du JOUR.	Baromètre.	Thermomètre.	ÉTAT DU CIEL.	VENTS.	ÉTAT de LA MER.
		mm.	deg.			
Janv.	Lever du sol.,		9,00		S.-E.	
	9 h. du matin.	752,76	10,80	couvert.	S.-E. faible.	peu agitée
10	Midi........	751,90	14,50	id.	variable.	peu agitée
	3 h. du soir,	751,71	12,00	id.	S. faible.	houleuse.
	Couc. du sol.		10,50			
	Lever du sol.,		9,00	pluie.	nul.	
	9 h. du matin.	750,23	12,00	cou. et brum.	S.-S.-O. faib.	calme.
11	Midi........	749,85	15,00	id.	nul.	calme.
	3 h. du soir,	749,34	16,00	id.	nul.	calme.
	Couc. du sol.		12,00	brouill. épais.		
	Lever du sol.,		15,00	chaud, brum.	S.	
	9 h. du matin.	752,16	17,00	très brum.	S. faible.	calme.
12	Midi........	752,31	20,00	id.	S. faible.	calme.
	3 h. du soir,	751,68	16,10	id. petite pl.	S. faible.	calme.
	Couc. du sol.					
	Lever du sol.,		12,80	brumeux.	S.	
	9 h. du matin.	757,04	14,20	id.	N.	peu agitée
13	Midi........	756,95	15,80	id.	N.	peu agitée
	3 h. du soir,	756,90	13,50	couvert.	N.	un peu ag.
	Couc. du sol.		13,00	tr. agréable.		
	Lever du sol.,		12,60		nul.	
	9 h. du matin.	757,61	13,90	couvert.	S.	calme.
14	Midi........	757,53	15,50	beau.	N.-N.-O.	peu agitée
	3 h. du soir,	756,98	14,00	id.	N. faible.	peu agitée
	Couc. du sol.		13,00			
	Lever du sol.,		13,00	pluie.	S.-O. faible.	
	9 h. du matin.	757,38	14,10	id.	S. fort.	peu agitée
15	Midi........	757,23	14,50	id.	S. faible.	peu agitée
	3 h. du soir,	757,08	14,20	couvert.		peu agitée
	Couc. du sol.		13,50	fort agréable.		

MOIS.	ÉPOQUES du JOUR.	Baromètre.	Thermomètre.	ÉTAT DU CIEL.	VENTS.	ÉTAT de LA MER.
		mm.	deg.			
Janv.	Lever du sol.,		12,90			
	9 h. du matin.	759,59	14,50	brumeux.	nul.	calme.
16	Midi........	759,70	19,50	beau.	N.-O. faible.	peu agité
	3 h. du soir,	759,55	14,00	id.	N. faible.	calme.
	Couc. du sol.		13,60			
	Lever du sol.,		12,50	beau.	S.	
	9 h. du matin.	759,16	15,80	id.	nul.	calme.
17	1 h. du soir,	755,85	19,00	brumeux.	S.-S.-E.	peu agité
	3 h. du soir,	755,60	17,50	cou. et chaud	nul.	calme.
	Couc. du sol.		16,50	beau.	S. faible.	
	Lever du sol.,		12,00		S.	
	9 h. du matin.	757,52	14,00	couvert.	S.-O.	peu agité
18	Midi........	756,99	13,00	pluie.	nul.	calme.
	3 h. du soir,	754,85	12,20	pl. et brum.	S. faible.	peu agité
	Couc. du sol.		13,50	id.	S. faible.	
	Lever du sol.,		13,70		N.-O.	
	9 h. du matin.	755,89	13,60	pluie.	N.-O. fort.	un peu ag
19	Midi........	756,27	14,00	couvert.	N.-O. fort.	un peu ag
	3 h. du soir,	756,44	13,40	id.	N.	un peu ag
	Couc. du sol.			id.		
	Lever du sol.,		14,50	pluie, la nuit.	O.	
	9 h. du matin.	753,18	16,00	couvert.	E. fort.	moutonn
20	Midi........	752,40	16,00	pluie fine.	E. fort.	moutonn
	3 h. du soir,	750,86	15,80	couvert.	nul.	peu agité
	Couc. du sol.		16,00	pluie.		
	Lever du sol.,		13,60	pluie, la nuit.	N.-O.	moutonn
	9 h. du matin.	749,96	15,00	beau.	N.-N. O.	moutonn
21	Midi........	749,13	16,40	couvert.	O. fort.	moutonn
	3 h. du soir,	749,38	14,80	id.	O. fort.	moutonn
	Couc. du sol.		14,50	id.	O. fort.	

DANS LA RÉGENCE D'ALGER.

MOIS.	ÉPOQUES du JOUR.	Baromètre.	Thermomètre.	ÉTAT DU CIEL.	VENTS.	ÉTAT DE LA MER.
		mm.	deg.			
Janv. 22	Lever du sol.,		13,00	froid.		
	9 h. du matin.	752,99	14,90	brumeux.	variable.	moutonn.
	Midi........	753,04	16,10	couvert.	O.	moutonn.
	3 h. du soir,	752,44	15,10	brumeux.	N.-O.	moutonn.
	Couc. du sol.		13,50			
23	Lever du sol.,		12,00		S.	
	9 h. du matin.	753,97	13,10	beau.	S. faible.	peu agitée
	Midi........	753,68	17,50	id.	S. faible.	peu agitée
	3 h. du soir,	753,09	16,20	id.	N.-O.	peu agitée
	Couc. du sol.		13,80			
24	Lever du sol.,		13,00	pluie fine.	O.	
	9 h. du matin.	754,16	14,50	pluie.	N.-O. faible.	peu agitée
	Midi........	753,78	15,40	id.	N.-O. faible.	peu agitée
	3 h. du soir,	753,83	15,00	beau.	N.-O. faible	peu agitée
	Couc. du sol.		12,00			
25	Lever du sol.,		9,50	beau.	S.-E.	
	9 h. du matin.	755,86	12,50	id.	S.-E.	
	5 h. du soir,	755,58	11,00	id.	N.	un peu ag.
26	Lever du sol.,		9,50	couvert.		
	9 h. du matin.	756,98	11,50	id., froid.	N.-O. faible.	peu agitée
	Midi........	756,07	12,00	id.	N. fort.	agitée.
	3 h. du soir,	755,88	10,60	pluie forte.	N. fort.	agitée.
	Couc. du sol.		8,80			
27	Lever du sol.,		5,50	pluie, grêle.		
	9 h. du matin.	759,20	4,50	id.	N. affreux.	m. temps.
	Midi........	761,23	3,50	id.	N. affreux.	m. temps.
	3 h. du soir,	762,31	5,50	id.	N. affreux.	m. temps.
	Couc. du sol.		4,00	id., très froid		

MOIS.	ÉPOQUES du JOUR.	Baromètre.	Thermomètre.	ÉTAT DU CIEL.	VENTS.	ÉTAT de LA MER.
Janv. 28	Lever du sol.,	mm.	deg. 4,80		S.	
	9 h. du matin.	758,53	9,30	froid.	N.-O. fort.	très agitée
	2 h. du soir,		9,80	cou. et froid.		
	3 h. du soir,	755,23	11,50	id.	N.-O. fort.	très agitée
	Couc. du sol.		11,00	id.		
29	Lever du sol.,		13,00		O. très fort.	
	9 h. du matin.	755,12	13,50	couvert.	N.-O. fort.	tr. mauv.
	Midi.......	756,14	13,90	id.	N.-O. fort.	tr. mauv.
	3 h. du soir,	757,28	11,00	pluie.	N.-O. fort.	tr. mauv.
	Couc. du sol.		12,00			
30	Lever du sol.,		10,00			
	9 h. du matin.	756,91	13,50	beau.	N.-O.	moutonn.
	Midi.......	756,53	14,00	id.	N.-O.	moutonn.
	3 h. du soir,	755,63	13,30	id.	N.-O.	moutonn.
	Couc. du sol.					
31	Lever du sol.,		9,10		S.	
	9 h. du matin.	756,40	12,00	beau.	S.	un peu ag.
	Midi.......			id.	N.-O. fort.	un peu ag.
	4 h.½ du soir,	756,35	11,80	id.	N.-O. fort.	un peu ag.
	Couc. du sol.		11,50			
Févr. 1	Lever du sol.,		9,00	brouillard.	S.	
	9 h. du matin.	752,07	12,00	couvert.	nul.	calme.
	Midi.......	752,16	16,00	couv., brum.	nul.	calme.
	3 h. du soir,	752,39	14,50	id.	N.-O. faible.	peu agitée
	Couc. du sol.					
2	Lever du sol.,		9,50			
	9 h. du matin.	756,15	13,00	brumeux.	S.	calme.
	1 h. du soir.		15,30	petite pluie.		

MOIS.	ÉPOQUES du JOUR.	Baromètre.	Thermomètre.	ÉTAT DU CIEL.	VENTS.	ÉTAT de LA MER.
		mm.	deg.			
FÉVR. 3	Lever du sol., 9 h. du matin. 11 h. ½ du m.	757,92	11,00 16,20	brumeux. id. beau.	S. S.-E.	calme.
4	Lever du sol. 9 h. du matin. Midi........ 3 h. du soir, Couc. du sol.	762,70 763,37 763,43	14,00 17,00 19,00 17,00 13,50	brumeux. beau. id.	S. S. N.-O. N.-O.	peu agitée moutonn. moutonn.
5	Lever du sol., 9 h. du matin. Midi........ 3 h. du soir, Couc. du sol.	765,77 769,05	11,50 14,00 16,00 13,00	beau. id.	S. faible. N.-O.	calme. peu agitée
6	Lever du sol. 9 h. du matin. Midi........ 4 h. ½ du soir, Couc. du sol.	762,45 761,78 761,62	12,50 16,00 18,60 14,50 14,00	beau. id. id. id.	O. N. S.	calme. calme. peu agitée
7	Lever du sol., 9 h. du matin. Midi........ 5 h. du soir, Couc. du sol.	763,38 763,23 763,65	12,50 15,90 19,00 15,00 14,50	beau. id. id. id.	nul. N.-O. S.	calme. calme. calme.
8	Lever du sol., 9 h. du matin. Midi........ 3 h. du soir., Couc. du sol.	767,02 767,62 767,43	12,50 16,00 17,10 18,00 14,00	beau. id. id.	nul. nul. N. faible.	calme. calme. calme.

MOIS.	ÉPOQUES du JOUR.	Baromètre.	Thermomètre.	ETAT DU CIEL.	VENTS.	ÉTAT de LA MER.
		mm.	deg.			
FÉVR. 9	Lever du sol.,		11,60	brouillard.		
	9 h. du matin.	770,43	12,80	couvert.	N.-E.	un peu ag.
	Midi........			couv., froid.	N.-E.	un peu ag.
	5 h. du soir.	770,61	12,60	id.	N.-E.	un peu ag.
10	Lever du sol.,		12,00	couvert. beau le reste jour.		
11	Lever du sol.,		10,00	beau.		
	9 h. du matin.	773,84	13,10	id.	E. faible.	calme.
	Midi........	773,04	14,00	id.	N.-E. faible.	calme.
	3 h. du soir,	772,62	13,00	nuageux.	N.-E. faible.	peu agitée
	Couc. du sol.		11,50			
12	Lever du sol.,		9,50	rosée.		
	9 h. du matin.	771,42	12,50	beau.	N. faible.	calme.
	11 h. ½.....	770,84	13,40	id.	N. faible.	calme.
13	Lever du sol.,		12,00	beau.		
	Midi........			brouillard.		
	Couc. du sol.		13,00	beau.		
14	Lever du sol.,		12,00			
	9 h. du matin.	763,60	14,50	pluie, la nuit.		
	Midi........	762,77	17,80	couvert.	nul.	calme.
	3 h. du soir,	762,30	17,00	id.	N.-O.	peu agitée
	Couc. du sol.		13,00	beau.	N. faible.	peu agitée
15	Lever du sol.,		11,00			
	9 h. du matin.	763,85	13,80	couvert.	nul.	calme.
	Midi........		14,00	brumeux.		
	Couc. du sol.		12,50			

MOIS.	ÉPOQUES du JOUR.	Baromètre.	Thermomètre.	ÉTAT DU CIEL.	VENTS.	ÉTAT de LA MER.
		mm.	deg.			
Févr. 17	Couc. du sol.		11,90			
18	Lever du sol.,		11,80			
	9 h. du matin.	765,60	13,00	nuageux.	N.-E.	moutonn.
	Midi........	765,32	13,00	couvert.	N.-E.	peu agitée
	3 h. du soir,	763,80	12,40	id.		agitée.
	Couc. du sol.		10,50			
19	Lever du sol.,		9,50			
	9 h. du matin.	763,61	10,50	couv. et froid.	N.	agitée.
	Midi........	763,63	13,10	id.	N.	agitée.
	3 h. du soir,	763,57	11,80	id.	N.	agitée.
	Couc. du sol.		10,30			
20	Lever du sol.,		6,50	pluie, la nuit.	S.	
	9 h. du matin.	762,05	8,00	pluie fine.	S.	un peu ag.
	Midi........	760,99	8,90	id.	S.	un peu ag.
	3 h. du soir,	759,00	10,90	id.	S.	un peu ag.
	Couc. du sol.		8,80			
21	Lever du sol.,		11,00		N. fort.	
	9 h. du matin.	753,13	13,20	nuageux.	N. fort.	tr. mout.
	Midi........	753,29	12,00	pluie.	N. fort.	tr. mout.
	3 h. du soir,	755,08	9,00	id., froid.	N. fort.	tr. mout.
	Couc. du sol.		9,00	très froid.	N. fort.	
22	Lever du sol.,		7,30	beau.	N.	
	9 h. du matin.	760,48	9,20	id.	N. faible.	houleuse.
	Midi........			id. et froid.		houleuse.
	3 h. du soir,	759,23	8,50	id.	N. faible.	houleuse.
	Couc. du sol.					

MOIS.	ÉPOQUES du JOUR.	Baromètre.	Thermomètre.	ÉTAT DU CIEL.	VENTS.	ÉTAT de LA MER.
		mm.	deg.			
FÉVR. 23	Lever du sol.,		11,50		N. fort.	
	9 h. du matin.	755,40	7,00	pluie.	N. fort.	très agitée
	Midi.......	757,74	5,00	id.	N. fort.	très agitée
	3 h. du soir,	758,70	6,50	id.	N. fort.	mauvaise
	Couc. du sol.		6,80			
24	Lever du sol.,		7,00	froid.		
	9 h. du matin.	761,97	8,60	beau, froid.	N. fort.	très agitée
	Midi.......	761,91	11,20	pluie.	N. fort.	très agitée
	3 h. du soir,	761,80	9,10	id.	N. fort.	très agitée
	Couc. du sol.		8,60			
25	Lever du sol.,		7,00			
	9 h. du matin.	763,45	11,50	beau.	N. faible.	peu agitée
	Midi.......	763,68	13,50	id.	nul.	calme.
	3 h. du soir,	762,95	12,50	id.	N. faible.	peu agitée
	Couc. du sol.		10,00			
26	Leve du sol.,		8,00		S.-O.	
	9 h. du matin.	764,53	12,00	beau.	S. faible.	calme.
	5 h. du soir.	763,14	10,90	id.	nul.	calme.
27	Lever du sol.,		10,50		N.	
	9 h. du matin.	762,15	14,60	beau.	N.	agitée.
	Midi.......	762,77	17,30	id.	N.	agitée.
	3 h. du soir,	762,13	16,00	id.	N.	agitée.
	Couc. du sol.		12,40			
28	Lever du sol.,		10,50	beau.		
	9 h. du matin.	764,18	16,00	id.	N.	peu agitée
	Midi.......	763,76	19,60	id.	N.	peu agitée
	3 h. du soir,	763,15	17,60	id.	N.	peu agitée
	Couc. du sol.		13,50			

MOIS.	ÉPOQUES du JOUR.	Baromètre.	Thermomètre.	ÉTAT DU CIEL.	VENTS.	ÉTAT de LA MER.
		mm.	deg.			
Mars.						
6	Lever du sol.,					
	9 h. du matin.	759,58	19,00	brumeux.	S.	peu agitée
	Midi........	759,47	20,00	couvert.	N.-O. fort.	moutonn.
	3 h. du soir,	758,92	18,70	id.	N.-O. fort.	moutonn.
7	Lever du sol.,		12,80	brumeux.		
	9 h. du matin.	761,33	16,00	nuageux.	N.-O.	moutonn.
	Midi........	761,56	15,50	id.	N.-O.	peu agitée
	3 h. du soir,	761,12	15,30	beau.	N.-O.	peu agitée
	Couc. du sol.		12,50			
8	6 h. du matin.	763,00	15,50	beau.	E. faible.	calme.
	Midi........	762,14	15,80	id.	S.-O.	peu agitée
	3 h. du soir,	761,45	15,50	id.	S.-O.	peu agitée
	Couc. du sol.		13,00			
9	9 h. du matin.	761,52	16,90	beau.	S. faible.	calme.
	Midi........	760,73	19,40	id.	N. faible.	peu agitée
	3 h. du soir,	760,25	17,50	id.	N. faible.	peu agitée
	Couc. du sol.		14,00			
10	9 h. du matin.	762,93	17,00	couvert.	S.-E. faible.	peu agitée
	Midi........	761,98	19,90	beau.	N.-O.	peu agitée
	3 h. du soir.	761,03	17,50	couvert.	N.-O.	peu agitée
	Couc. du sol.		14,00			
11	Lever du sol.,		12,00			
	9 h. du matin.	762,88	17,00	beau.	S. faible.	peu agitée
	Midi........	763,52	18,10	orageux.	N.-O.	peu agitée
	3 h. du soir,	763,00	17,00	beau.	N.-O.	peu agitée
	Couc. du sol.		14,00			

MOIS.	EPOQUES du JOUR.	Baromètre. mm.	Thermomètre. deg.	ETAT DU CIEL.	VENTS.	ÉTAT de LA MER.
Mars. 12	Lever du sol.,		12,00			
	9 h. du matin.	764,27	17,30	beau.	O. faible.	peu agitée
	Midi.......	762,98	19,00	orageux.	N.-O.	moutonn.
	3 h. du soir,	762,75	17,70	id.	N.-O.	moutonn.
	Couc. du sol.		13,00			
13	Lever du sol.,		11,50	beau.		
	9 h. du matin.	764,35	16,00	id.	nul.	calme.
	Midi.......	764,36	17,50	id.	nul.	calme.
	3 h. du soir,	764,33	18,00	id.	N. faible.	calme.
	Couc. du sol.		15,00			
14	Lever du sol.,		13,00	beau.	N. faible.	calme.
	3 h. du soir.	761,29	21,20	id.	N. faible.	calme.
	Couc. du sol.		17,50	id.	N. faible.	calme.
15	Lever du sol.,		15,50			
	9 h. du matin.	762,41	18,50	brumeux.	S.	calme.
	Midi.......	763,20	21,00	beau.	N.-O.	calme.
	3 h. du soir,	763,18	16,60	couvert.	N.	peu agitée
	Couc. du sol.		15,00			
16	Lever du sol.,					
	9 h. du matin.	767,34	16,80	couvert.	E.	peu agitée
	Midi.......	767,28	14,80	beau.	N.-E.	moutonn.
	3 h. du soir,	766,43	15,10	id.	N.-E.	moutonn.
	Couc. du sol.		15,00			
	5 h. du soir..	767,14				
	7 h. du soir,	767,29				
	10 h. du soir.	767,43				
	Minuit......	766,90				
17	3 h. du matin.	765,74				
	6 h. du matin.	765,24				
	7 h. du matin.	765,24				
	8 h. du matin.	765,54				
	9 h. du matin.	765,62				
	10 h. du mat.	765,11				
	Midi.......	763,50	18,00	beau.	N. faible.	calme.
	3 h. du soir.	762,63	17,50	id.	N. faible.	calme.

MOIS.	EPOQUES du JOUR.	Baromètre.	Thermomètre.	ETAT DU CIEL.	VENTS.	ÉTAT de LA MER.
		mm.	deg.			
Mars.	Lever du sol.,		11,80	beau.		
	9 h. du matin.	760,04	15,00	id.	nul.	peu agitée
18	Midi........	759,47	17,70	id.	N.-E.	peu agitée
	3 h. du soir,	759,01	16,10	id.	N.-E.	peu agitée
	Couc. du sol.					
	Lever du sol.,		12,50	rosée.		
	9 h. du matin.	759,16	16,20	beau.	nul.	calme.
19	Midi........	759,94	16,50	id.	N.	peu agitée
	3 h. du soir,	759,12	18,80	id.	N.	peu agitée
	Couc. du sol.		15,00			
	Lever du sol.,		11,30			
	9 h. du matin.	760,55	14,80	beau.	S. faible.	calme.
20	Midi........	759,85	16,10	id.	N.	peu agitée
	3 h. du soir,	758,00	16,00	id.	N.	peu agitée
	Couc. du sol.		13,00			
	Lever du sol.,		11,80		S.	
	9 h. du matin.	755,91	13,70	beau.	E.-N.-E. fort	très agitée
21	Midi........	755,37	14,50	id.	E. fort.	très agitée
	3 h. du soir,	755,46	15,80	id.	E. fort.	très agitée
	Couc. du sol.		12,50			
	Lever du sol.,		10,00		S.	
	9 h. du matin.	759,57	15,00	beau.	S.-E. faible.	calme.
22	Midi........	760,21	14,60	id.	N.	peu agitée
	3 h. du soir,	759,61	15,20	id.	N.-O.	peu agitée
	Couc. du sol.		12,00			
	Lever du sol.,		9,70			
	9 h. du matin.	756,95	13,50	nuageux.	nul.	calme.
23	Midi........	756,02	17,00	beau.	N.	moutonn.
	3 h. du soir,	754,87	14,30	id.	E.-N.-E.	moutonn.
	Couc. du sol.		14,00			

MOIS.	ÉPOQUES du JOUR.	Baromètre.	Thermomètre.	ÉTAT DU CIEL	VENTS.	ÉTAT de LA MER.
		mm.	deg.			
Mars. 24	Lever du sol.,		13,50		S.	
	9 h. du matin.	747,77	18,90	très brum.	S.	peu agitée
	Midi........	746,03	18,00	couvert.	S.-S.-O.	peu agitée
	3 h. du soir,	746,15	13,00	pluie.	S.	calme.
	Couc. du sol.		13,00	id.		
25	Lever du sol.,		13,50	pluie, la nuit.		
	9 h. du matin.	751,71	17,60	nuageux.	O.-S.-O.	calme.
	Midi........	751,11	21,50	orageux.	O.	calme.
	3 h. du soir,	750,80	17,20	id.	N.-N.-O.	calme.
	Couc. du sol.		15,00			
26	Lever du sol.,		13,50		S.	
	9 h. du matin.	753,57	18,00	beau.	nul.	calme.
	Midi........	753,60	19,50	id.	N. faible.	calme.
	3 h. du soir,	753,34	18,50	couvert.	N. faible.	peu agitée
	Couc. du sol.		16,00	id.		
27	Lever du sol.,		14,00	couvert.		
	9 h. du matin.	755,90	17,50	id.	N.-O.	peu agitée
	Midi........	755,62	18,40	beau.	N.-O.	calme.
	3 h. du soir,	754,96	17,10	id.	N.-O.	peu agitée
	Couc. du sol.		13,80		N.	
28	Lever du sol.,		12,50	couvert.		
	9 h. du matin.	752,94	17,40	beau.	S. faible.	calme.
	Midi........	752,67	20,20	couvert.	N.-O.	peu agitée
	3 h. du soir,	752,94	17,50	pluie, grêle et ton.	N.-O.	calme.
	Couc. du sol.		12,50	id.		
29	Lever du sol.,		12,00	pluie fine.		
	9 h. du matin.	756,21	12,80	id.	N.-O.	moutonn.
	Midi........	756,67	16,00	id.	N.-O.	houleuse.
	3 h. du soir,	757,14	14,40	id.	N.-O.	houleuse.
	Couc. du sol.		12,30	pluie.		

MOIS.	ÉPOQUES du JOUR.	Baromètre.	Thermomètre.	ÉTAT DU CIEL.	VENTS.	ÉTAT de LA MER.
		mm.	deg.			
Mars.	Lever du sol.,		11,00	pluie.		
	9 h. du matin.	759,09	11,50	id.	N.-O. faible.	peu agitée
30	Midi........	758,53	15,20	id.	N.-O. faible.	peu agitée
	3 h. du soir,	757,62	16,00	couvert.	N.-O. faible.	peu agitée
	Couc. du sol.		12,50	pluie.		
	Lever du sol.,		11,00	pluie.		
	9 h. du matin.	755,88	14,00	id.	N.-O.	peu agitée
31	Midi........	753,90	16,50	couvert.	N.-O.	peu agitée
	3 h. du soir,	753,68	15,70	id.	N.-O.	moutonn.
	Couc. du sol.		12,50			
Avril	Lever du sol.,		10,50	pluie.		
	9 h. du matin.	754,87	13,20	id.	N.-O.	calme.
1	Midi........	753,90	16,50	couvert.	N.-O.	peu agitée
	3 h. du soir,	753,68	15,70	id.	N.-O.	moutonn.
	Couc. du sol.		12,50			
	Lever du sol.,		10,50	brumeux.		
	9 h. du matin.	753,73	16,40	id.	S. faible.	peu agitée
2	Midi........	753,16	15,90	beau.	N.	peu agitée
	3 h. du soir,	751,88	15,80	couvert.	N.-N.-O.	peu agitée
	Couc. du sol.		13,60	beau.		
	Lever du sol.,		12,00	beau.		
	9 h. du matin.	752,74	14,50	couvert.	nul.	calme.
3	Midi........	752,52	18,00	beau.	N. faible.	peu agitée
	3 h. du soir,	751,57	16,80	couvert.	N.-N.-O.	calme.
	Couc. du sol.		15,00			
	Lever du sol.,		13,00	beau.	S.	
	9 h. du matin.	752,25	16,60	id.	O.	calme.
4	Midi........	752,39	21,50	nuageux.	N.-O.	moutonn.
	3 h. du soir,	751,77	19,40	beau.	N.-O.	moutonn.
	Couc. du sol.		15,30			

MOIS.	ÉPOQUES du JOUR.	Baromètre.	Thermomètre.	ÉTAT DU CIEL.	VENTS.	ÉTAT de LA MER.
		mm.	deg.			
AVRIL	Lever du sol.,		14,00		S.	
	9 h. du matin.	752,54	17,20	couvert.	O.	calme.
5	Midi.......	752,51	21,00	beau.	S.	agitée.
	3 h. du soir,	752,05	18,20	id.	O.	moutonn.
	Couc. du sol.		14,50			
	Lever du sol.,		13,00		tempête.	
	9 h. du matin.	753,56	16,20	nuageux.	O. très fort.	tr. agitée.
6	Midi.......	554,27	13,00	pluie.	S.-O.	tr. agitée.
	3 h. du soir,	753,95	15,80	beau.	O.-N.-O.	tr. agitée.
	Couc. du sol.		13,50			
	Lever du sol.,		14,50	pluie.		
	9 h. du matin.	752,94	15,20	id.	S.-O.	calme.
7	Midi.......	753,22	16,30	pluie et tonn.	O.-N.-O.	moutonn.
	4 h. ½ du soir,	753,24	17,20	beau.	N.-O.	moutonn.
	Couc. du sol.		14,00			
	Lever du sol.,		12,50	beau.	S.	
	9 h. du matin.	757,64	16,05	id.	S.-O.	calme.
8	Midi.......	757,43	17,00	id.	N.	peu agité
	3 h. du soir,	756,80	18,10	brumeux.	N.-O.	agitée.
	Couc. du sol.		13,60			
	Lever du sol.,		13,60			
	9 h. du matin.	756,90	18,10	brumeux.	S. faible.	calme.
9	Midi.......	755,15	21,00	beau.	nul.	calme.
	Couc. du sol.		16,00	id.		
10	Lever du sol.,		14,50	couvert.		
	9 h. du matin.	755,15	17,00	id.	N.-O.	peu agité
11	»	»	»	beau temps.		
12	»	»	»	id.		
13	»	»	»	pluie.		

MOIS.	ÉPOQUES du JOUR.	Baromètre.	Thermomètre.	ÉTAT DU CIEL.	VENTS.	ÉTAT de LA MER.
		mm.	deg.			
AVRIL 14	Lever du sol., 9 h. du matin. Midi........ 3 h. du soir, Couc. du sol.	754,66 754,92 754,72	21,00 22,00 21,10 15,50	beau. brumeux. id.	S. N.-O. N.	calme. peu agitée peu agitée
15	Lever du sol., 9 h. du matin. Midi........ 3 h. du soir, Couc. du sol.	753,51 754,06 754,73	15,00 18,80 18,00 20,50 14,80	pluie, la nuit. beau. couvert beau.	N. N. O.	peu agitée agitée. peu agitée
16	Lever du sol., 9 h. du matin. Midi........ 3 h. du soir, Couc. du sol.	754,16 753,46 753,34	13,50 16,00 19,50 17,20 14,00	beau. couvert. id. id.	nul. N. N.	calme. calme. peu agitée
17	Lever du sol., 9 h. du matin. Midi........ 3 h. du soir, Couc. du sol.	752,09 751,45 751,01	13,00 15,50 18,90 17,50	forte rosée. beau. id. couvert.	N.-E. N. N.	calme. peu agitée peu agitée
18	Lever du sol.		12,00	beau.		
19	3 h. du soir, Couc. du sol.	752,90	18,50 14,50	pluie.	N.-O.	agitée.
20	Lever du sol., 9 h. du matin. Midi........ 3 h. du soir, Couc. du sol.	753,98 754,79 754,64	13,70 18,50 18,60 18,80 14,00	pluie, la nuit. orageux. beau. id.	S. variable. N. N.	moutonn. moutonn. moutonn.

8.

MOIS.	ÉPOQUES du JOUR.	Baromètre.	Thermomètre.	ETAT DU CIEL.	VENTS.	ÉTAT de LA MER.
		mm.	deg.			
Avril 21	Lever du sol.,		13,50			
	9 h. du matin.	753,23	17,50	cou. et brum.	nul.	calme.
	Midi........	753,28	17,00	id.	nul.	calme.
	3 h. du soir,	752,44	18,00	pluie.	N.-O.	peu agitée
	Couc. du sol.		15,00	couvert.		
22	Lever du sol.,		13,80		O.-O.-N.	
	9 h. du matin.	754,13	13,80	pluie.	N.-O.	peu agitée
	Midi........	753,88	19,00	orageux.	N.-O.	moutonn.
	3 h. du soir,	753,59	17,90	id.	N.-O.	moutonn.
	Couc. du sol.		14,80			
23	Lever du sol.,		14,50	pluie, la nuit.		
	9 h. du matin.	753,69	16,20	pluie.	N.-O. fort.	moutonn.
	Midi........	754,02	18,70	nuageux.	N.-O. fort.	moutonn.
	3 h. du soir,	753,26	17,80	id.	N.-O. fort.	moutonn.
	Couc. du sol.		14,00	beau.	N.-O. fort.	
24	Lever du sol.,		14,00		S.	
	9 h. du matin.	756,98	20,50	nuageux.	S.-O.	calme.
	Midi........	756,51	21,60	couvert.	N.-O.	peu agitée
	3 h. du soir,	756,20	17,80	pluie.	N.-O.	moutonn.
	Couc. du sol.		14,00			
29	Lever du sol.,		12,00			
	9 h. du matin.	752,97	20,00	brumeux.	N. faible.	calme.
	Midi........	752,65	21,50	id.	N.-O. fort.	agitée.
	3 h. du soir,	751,65	20,50	couvert.	N.	agitée.
	Couc. du sol.		16,00			
30	Lever du sol.,		15,00			
	9 h. du matin.	752,40	20,60	beau.	N.-O.	peu agitée
	Midi........	752,69	22,00	id.	N.-O.	peu agitée
	3 h. du soir,	752,72	20,00	brumeux.	N.	peu agitée
	Couc. du sol.		16,20			

MOIS.	ÉPOQUES du JOUR.	Baromètre.	Thermomètre.	ÉTAT DU CIEL.	VENTS.	ÉTAT de LA MER.
		mm.	deg.			
MAI 1	Lev. du sol.,		15,00	forte rosée.		
	9 h. du matin.					
	Midi 3/4	752,76	20,30	beau.	N.-O.	agitée.
	3 h. du soir,	752,82	19,70	*id.*	N.	peu agitée
	Couc. du sol.					
2	Lev. du sol.,		15,00	couvert.		
	9 h. du matin.	755,91	21,00	beau.	E.	calme.
	Midi........	755,93	21,80	*id.*	N.	calme.
	3 h. du soir,	755,37	20,90	*id.*	N.	calme.
	Couc. du sol.		16,10			
3	Lever du sol.,		16,00	couvert.		
	9 h. du matin.	757,78	21,80	brumeux.	N.-E. faible.	calme.
	Midi........	757,22	21,00	couvert.	N.-O.	peu agitée
	3 h. du soir,	757,50	18,00	*id.*		peu agitée
	Couc. du sol.		15,50			
4	Lev. du sol.,		14,00	beau.		
	9 h. du matin.	760,85	20,20	*id.*	N.-E.	moutonn.
	Midi........	760,58	21,50	*id.*	N.-O.	moutonn.
	3 h. du soir,	760,54	19,30	*id.*	N.-O.	peu agitée
	Couc. du sol.		15,40			
5	Lever du sol.,		14,00	beau.		
	9 h. du matin.	761,83	18,50	*id.*	N.-E. faible.	calme.
	Midi.........	761,56	19,00	*id.*	N.	agitée.
	3 h. du soir,	760,93	19,00	*id.*	N.	agitée.
	Couc. du sol.		15,20			
6	Lever du sol.,		14,50			
	9 h. du matin.	761,23	19,00	nuageux.	O.	moutonn.
	Midi........	760,58	19,30	*id.*	variable.	tr. agitée.
	3 h. du soir,	759,57	19,50	orageux.	variable.	tr. mauv.
	Couc. du sol.		16,00			

MOIS.	ÉPOQUES du JOUR.	Baromètre.	Thermomètre.	ETAT DU CIEL.	VENTS.	ÉTAT de LA MER.
		mm.	deg.			
MAI.	9 h. du matin,	758,33	20,50	couvert.	N.	peu agitée
13	Midi........	757,85	22,20	beau.	N.	peu agitée
	8 h. du soir,	756,58	21,00	couvert.	N.	peu agitée
	Couc. du sol.		18,00			
	9 h. du matin,		23,50	couvert.	N.-O.	peu agitée
14	Midi........	754,20	21,90	id.	N.	peu agitée
	3 h. du soir,	754,20	21,80	id.	N.-O.	peu agitée
	Couc. du sol.	753,57	17,50			
	Lever du sol.,		16,00	beau.	N.-O.	moutonn.
	9 h. du matin.	758,69	20,50	id.	N.-O.	peu agitée
15	Midi........	759,25	23,50	id.	N.-O.	peu agitée
	3 h. du soir,	758,79	24,00	id.		
	Couc. du sol.					
	9 h. du matin,	761,55	22,00	beau.	N.-O.	peu agitée
16	Midi........	762,03	23,50	id.	N.	moutonn.
	4 h. du soir,	761,66	20,50	id.	N.	moutonn.
	Couc. du sol.		17,50			
17	Lever du sol..		15,50			
	Lever du sol.,		14,50	pl. et orage.		
	9 h. du matin.	757,66	17,00	id.	S.	peu agitée
20	Midi........	756,49	24,00	couvert.	S.	peu agitée
	8 h. du soir,	756,40	23,00	beau.	N.-O.	moutonn.
	Couc. du sol.		16,50			
	Lever du sol.,		15,00	beau.	S.	
	9 h. du matin.	757,99	14,50	pluie.	O.	peu agitée
21	Midi........	757,95	18,50	id.	O.	peu agitée
	3 h. du soir.	758,00	19,50	beau.	N.-O. fort.	très agitée

MOIS.	ÉPOQUES du JOUR.	Baromètre.	Thermomètre.	ÉTAT DU CIEL.	VENTS.	ÉTAT de LA MER.
		mm.	dég.			
MAI.	Lev. du sol.,		14,20	beau.		
	9 h. du matin.	760,66	20,70	id.	N.-O.	peu agitée
22	Midi........	760,74	22,50	id.	N.-N.-O.	moutonn.
	3 h. du soir,	760,21	21,50	id.	N.-N.-O.	moutonn.
	Couc. du sol.		17,50			
	Lev. du sol.,		14,80	beau.		
	9 h. du matin.	756,45	22,50	id.	nul.	calme.
23	Midi........	755,98	21,20	id.	N.	peu agitée
	3 h. du soir,	754,92	22,50	couvert.	N.	agitée.
	Couc. du sol.		18,00			
	9 h. du matin,	757,33	23,00	brumeux.	N. faible.	calme.
24	Midi........	757,06	21,90	id.	N. faible.	calme.
	3 h. du soir,	756,75	21,00	id.	N.-N.-O.	peu agitée
	Couc. du sol.		17,50	orage.		
	Lev. du sol.,	760,79	15,00			
	9 h. du matin.	760,96	24,10	beau.	S.-O. faible.	peu agitée
28	Midi........	760,57	22,20	id.	N.	peu agitée
	3 h. du soir.		21,30	id.	N.	peu agitée
	9 h. du matin,	761,37	23,00	beau.	nul.	calme.
29	Midi........	761,51	24,50	id.	N. faible.	calme.
	3 h. du soir,	760,76	23,00	id.	nul.	calme.
	Couc. du sol.		19,50			
	9 h. du matin,	761,84	29,00	beau.	nul.	calme.
30	Midi........	761,42	30,50	id.	N. faible.	peu agitée
	3 h. du soir,	759,36	28,00	brumeux.	N. faible.	peu agitée
	Couc. du sol.		23,00	cou. et lourd.		

MOIS.	ÉPOQUES du JOUR.	Baromètre.	Thermomètre.	ÉTAT DU CIEL.	VENTS.	ÉTAT de LA MER.
		mm.	deg.			
MAI.	9 h. du matin,	758,86	29,00	brumeux.	S. faible.	calme.
31	Midi.......	758,69	27,00	id.	S. faible.	peu agitée.
	3 h. du soir,	757,66	26,40	couvert.	N.	peu agitée.
	Couc. du sol.		20,50			
JUIN.	9 h.........	759,33	27,00	brumeux.	nul.	calme.
1	Midi.......	758,97	23,40	id.	N.-N.-O.	moutonn.
	3 h.........	758,43	25,00	id.	N.-N.-O.	moutonn.
	Couc. du sol.		18,50			
	Lev. du sol.,		17,00			
	9 h. du matin.	757,56	22,70	beau.	N.-O. faible.	calme.
2	Midi.......	757,19	25,00	id.	N.-O. faible.	peu agitée.
	3 h. du soir,	756,63	22,00	id.	N.-O. fort.	agitée.
	Couc. du sol.		18,50			
	Lev. du sol.,					
	9 h. du matin.	756,90	23,80	beau.	E. faible.	calme.
3	Midi.......	757,32	23,00	couvert.	N. faible.	peu agitée.
	3 h. du soir,	756,41	22,00	id.	N. faible.	calme.
	Couc. du sol.		18,80			
	9 h. du matin,	758,57	22,40	orageux.	E. fort.	très agitée.
4	Midi.......	758,81	22,50	beau.	E. fort.	très agitée.
	3 h. du soir,	759,38	22,50	id.	E. fort.	très agitée.
	Couc. du sol..		18,80			
	9 h. du matin,	764,29	23,00	beau.	N.-E. faible.	calme.
5	Midi.......	764,44	23,00	id.	N.-E. faible.	peu agitée.
	3 h. du soir,	764,18	23,00	id.	N.-E. faible.	peu agitée.
	Couc. du sol..		18,80			
	9 h. du matin,	761,99	23,60	beau.	S.-E.	agitée.
6	Midi.......	760,87	24,80	id.	N. faible.	agitée.
	3 h. du soir,	758,61	22,70	id.	N.-E. faible.	agitée.
	Couc. du sol..		19,80			

MOIS.	ÉPOQUES du JOUR.	Baromètre.	Thermomètre.	ÉTAT DU CIEL.	VENTS.	ÉTAT de LA MER.
		mm.	deg.			
JUIN. 7	9 h. du matin.	754,21	27,00	brumeux.	N.-O.	peu agitée
11	9 h. du matin, Midi........ 3 h. du soir, Couc. du sol.	761,66 761,61 760,89	21,00 25,20 26,00 22,50	brouillard. beau. id.	N.-O. N. N.	peu agitée peu agitée calme.
12	9 h. du matin, Midi........ 3 h. du soir, Couc. du sol.	760,58 761,20 760,99	28,00 27,00 27,00 25,40	brumeux. beau. id.	S. N. faible. nul.	calme. calme. calme.
13	Lever du sol., 9 h. du matin. Midi........ 3 h. du soir, Couc. du sol..	762,11 762,02 761,44	21,00 26,50 30,10 31,20 22,50	brumeux. beau. id.	O. très fort. O. O. O.	peu agitée moutonn. moutonn.
14	Lever du sol, 9 h. du matin. Midi........ 3 h. du soir..	764,12 763,55 762,66	20,50 25,10 24,60 25,60	brouillard. beau. id. id.	E. faible. N.-E. N.-E.	calme. peu agitée peu agitée
15	Lever du sol. 3 h. du soir, Couc. du sol.		15,50 24,50 20,00	beau. id. id.	O. O. O.	un peu ag. un peu ag. un peu ag.
16	Lever du sol. 2 h. du soir..		19,50 26,20	beau. id.	S. S.	calme. calme.
17	Lever du sol. 7 h. du soir..	764,14	19,80 21,50	beau. couvert.	O. N.	agitée.

MOIS.	ÉPOQUES du JOUR.	Baromètre.	Thermomètre.	ÉTAT DU CIEL.	VENTS.	ÉTAT de LA MER.
		mm.	deg.			
Juin. 18	9 h. du matin,	763,77	23,00	beau.	E. fort.	très agitée
	Midi........	763,11	24,00	id.	N.	très agitée
	3 h. du soir,	762,61	24,00	id.	N.	très agitée
	Couc. du sol.		20,80			
19	Lever du sol.,		19,50			
	9 h. du matin.	761,03	23,50	nuageux.	N.-E.	peu agitée
	Midi........	760,71	25,00	id.	N.-E.	peu agitée
	3 h. du soir,	760,11	24,10	id.	N.-E.	agitée.
	Couc. du sol.		20,50			
20	Lever du sol.,		21,00	couvert.	N.	
	9 h. du matin.	761,68	24,50	nuageux.	N.-E. faible.	calme.
	Midi........	761,66	23,80	beau.	N.	peu agitée
	3 h. du soir,	760,86	24,00	id.	N.	peu agitée
	Couc. du sol.		20,50			
21	Lever du sol.,	762,07	19,30	rosée.		
	9 h. du matin.	761,87	23,80	beau.	N. faible.	peu agitée
	Midi........	761,46	24,00	id.	N. faible.	peu agitée
	3 h. du soir.		23,50	id.	N. faible.	peu agitée
22	9 h. du matin,	762,66	24,40	beau.	nul.	calme.
	Midi........	762,77	24,00	id.	N. faible.	peu agitée
	3 h. du soir.	761,93	23,10	id.	N. faible.	agitée.
Juill. 8	9 h. du matin,	761,58	25,50	beau.	N.	calme.
	Midi........	761,43	27,30	id.	N.	calme.
	3 h. du soir.	761,05	26,30	id.	N.	calme.
9	9 h. du matin,	758,90	27,90	brouillard.	N.-E. faible.	calme.
	3 h. du soir,.	758,52	25,80	beau.	N.	calme.

MOIS.	ÉPOQUES du JOUR.	Baromètre.	Thermomètre.	ÉTAT DU CIEL.	VENTS.	ÉTAT de LA MER.
		mm.	deg.			
Juill. 10	9 h. du matin,	759,37	26,60	beau.	N.-N.-O.	calme.
	Midi........	759,84	26,30	id.	N.	calme.
	3 h. du soir..	759,35	24,30	id.	N.-N.-E.	calme.
11	9 h. du matin,	758,56	27,70	beau.	N.-E. faible.	calme.
	Midi........	758,55	26,70	id.	N. faible.	calme.
	3 h. du soir..	758,28	24,30	pluie.	N. faible.	calme.
12	9 h. du matin,	756,60	25,30	beau.	N.-O. fort.	moutonn.
	Midi........	756,19	26,00	id.	N.-O. fort.	moutonn.
13	9 h. du matin,	755,07	28,60	beau.	N. faible.	calme.
	Midi........	755,35	29,70	id.	N.	calme.
	3 h. du soir..	754,80	28,30	id.	N.-O. faible.	calme.
14	9 h. du matin,	757,03	26,70	nuageux.	S. faible.	calme.
	3 h. du soir..	757,50	27,30	orageux.	N.-O. fort.	moutonn.
15	9 h. du matin,	761,40	28,00	nuageux.	E. faible.	calme.
	Midi........	761,19	28,60	beau.	N.	calme.
	4 h. du soir..	760,63	27,50	id.	S.-E.	agitée.
16	9 h. du matin,	761,97	28,00	beau.	E.-N.-E.	calme.
	Midi........	761,98	28,30	id.	N.	calme.
	4 h. du soir..	761,87	26,70	id.	N.-N.-O.	calme.
17	9 h. du matin,	763,75	26,00	beau.	E.	calme.
	Midi........	763,12	28,00	id.	N.	calme.
	4 h. du soir..	762,34	25,60	id.	N.-N.-O. fort	peu agitée

MOIS.	ÉPOQUES du JOUR.	Baromètre.	Thermomètre.	ÉTAT DU CIEL.	VENTS.	ÉTAT de LA MER.
		mm.	deg.			
JUILL. 19	9 h. du matin.	759,92	27,00	orageux.	S.-O. faible.	houleuse.
	3 h. du soir..	756,49	28,00	couvert.	N.	calme.
20	9 h. du matin.	759,05	27,30	beau.	S.	peu agitée
	4 h. du soir..	758,55	26,50	id.	N.	moutonn.

Toutes les Observations suivantes ont été faites au Phare de la Marine, le ménisque inférieur du Baromètre étant à **24ᵐ,07** *au dessus du niveau de la mer.*

24	9 h. du matin.	761,01	27,10	beau.	N.	calme.
	4 h. du soir..	758,85	26,70	id.	N.	calme.
	11 h. du soir.	757,86	24,50	id.		
25	9 h. du matin.	757,29	27,30	nuageux.	N.-N.-O.	calme.
	Midi........	758,43	25,60	pluie.	S.-O.	calme.
	4 h. du soir..	756,94	26,30	id.	N.-E.	calme.
26	8 h. du matin.	761,21	25,10	beau.	N.-O.	moutonn.
	Midi........	761,20	25,00	id.	N.-O. fort.	moutonn.
	4 h. du soir..	761,87	25,50	id.	N.-O. fort.	moutonn.
27	9 h. du matin.	763,94	27,60	beau.	N.-E.	calme.
	Midi........	763,36	24,50	id.	N.-E.	agitée.
	3 h. du soir..	762,10	24,70	id.	N.-E.	agitée.

MOIS.	EPOQUES du JOUR.	Baromètre.	Thermomètre.	ÉTAT DU CIEL.	VENTS.	ETAT de LA MER.
		mm.	deg.			
Juill. 28	8 h. du matin,	761,36	27,10	beau.	N.-E.	calme.
	Midi........	760,38	24,30	id.	E.-N.-E.	agitée.
	4 h. du soir..	759,36	24,70	id.	E.-N.-E.	agitée.
29	8 h. du matin,	758,93	27,60	beau.	E.-N.-E.	calme.
	Midi........	759,04	25,50	id.	N.-E.	agitée.
	4 h. du soir..	758,56	25,30	id.	N.-E.	agitée.
30	9 h. du matin,	759,32	28,10	beau.	E.-N.-E.	calme.
	Midi........	758,91	27,20	id.	E.-N.-E.	agitée.
	4 h. du soir..	757,51	26,90	id.	E.	agitée.
31	4 h. du matin,	756,08	27,70	beau.	S.-E.	calme.
	9 h. du matin.	757,04	31,20	id.	S.-E.	calme.
	Midi........	756,40	30,90	id.	S.-E.	agitée.
	4 h. du soir..	756,59	28,90	couvert.	N.-O.	agitée.
Aout. 1	9 h. du matin,	757,27	30,40	beau.	O.S.-O.	calme.
	Midi........	756,09	29,40	id.	N.-O.	moutonn.
	4 h. du soir..	755,80	28,20	id.	S.-O.	moutonn.
2	9 h. du matin,	758,23	31,30	beau.	N.-O.	très agitée
	Midi........	757,51	29,00	id.	N.-O.	très agitée
	4 h. du soir.	757,88	28,00	id.	N.-O.	très agitée
3	9 h. du matin,	758,70	28,00	brumeux.	N.-N.-E.	calme.
	Midi........	757,85	27,70	beau.	N.-N.-O. faib	calme.
	4 h. du soir..	757,05	28,10	couvert.	S.-O.	agitée.

MOIS.	ÉPOQUES du JOUR.	Baromètre.	Thermomètre.	ÉTAT DU CIEL.	VENTS.	ÉTAT de LA MER.
		mm.	deg.			
Août. 4	9 h. du matin,	757,47	30,90	couvert.	O.-N.-O.	moutonn.
	Midi........	757,48	33,50	id.	O.-N.-O.	moutonn.
	4 h. du soir.	756,38	28,90	id.	N.-O.	calme.
5	8 h. du matin,	757,49	29,90	beau.	S.-O.	calme.
	9 h. du matin,	757,75	30,20	id.	N.-N.-O.	agitée.
	Midi........	756,92	38,10	id.	N.-O.	agitée.
6	9 h. du matin,	756,47	27,30	beau.	N.-O.	calme.
	Midi........	756,18	26,90	couvert.	N.-O.	agitée.
7	9 h. du matin,	757,16	26,00	couvert.	N.-O.	calme.
	Midi........	757,22	27,10	id.	N.-O.	moutonn.
	4 h. du soir.	755,39	27,20	nuageux.	N.-O.	moutonn.
8	9 h. du matin,	757,52	27,70	beau.	O.	moutonn.
	Midi........	758,68	27,00	id.	O.-N.-O.	moutonn.
	4 h. du soir.	759,25	26,10	couvert.	N.-N.-O.	calme.
9	9 h. du matin,	761,32	26,30	beau.	N.	calme.
	Midi........	760,82	26,10	id.	N.	calme.
	4 h. du soir.	759,96	25,90	id.	N.	calme.
10	9 h. du matin,	760,12	24,50	brumeux.	N.-O.	calme.
	Midi........	760,04	25,40	id.	E.-N.-E.	houleuse.
	4 h. du soir.	759,16	25,50	id.	E.-N.-E.	agitée.

MOIS.	ÉPOQUES du JOUR.	Baromètre.	Thermomètre.	ETAT DU CIEL.	VENTS.	ÉTAT de LA MER.
		mm.	deg.			
Août. 11	9 h. du matin,	760,03	26,00	beau.	nul.	calme.
	Midi........	760,77	26,50	id.	N.-E.	moutonn.
12	9 h. du matin,	758,80	25,30	brouillard.	N.-E.	calme.
	Midi........	758,18	26,70	id.	N.-E.	agitée.
	4 h. du soir.	757,97	25,70	couvert.	E.-N.-E.	agitée.
13	9 h. du matin,	757,86	27,00	couvert.	N.-E.	agitée.
	Midi........	756,95	26,70	id.	N.-E.	calme.
	4 h. du soir.	756,35	26,40	id.	N.-E.	calme.
14	9 h. du matin,	755,74	27,00	beau.	N.-O.	calme.
	Midi........	755,63	27,00	id.	N.-O.	moutonn.
15	9 h. du matin,	757,70	25,40	beau.	N.-O.	moutonn.
	Midi........	757,93	26,00	id.	N.-O.	moutonn.
	4 h. du soir..	758,13	26,20	id.	N.-O.	peu agitée
16	9 h. du matin,	760,35	25,40	couvert.	E.-N.-E. fort	très agitée
	Midi........	759,82	26,50	beau.	N.-N.-E. fort	très agitée
	4 h. du soir.	758,77	26,40	id.	N.-E.	très agitée
17	9 h. du matin,	758,60	25,20	beau.	E.-N.-E. fort	moutonn.
	Midi........	257,12	75,40	id.	E.-N.-E. fort	moutonn.

MOIS.	ÉPOQUES du JOUR.	Baromètre.	Thermomètre.	ÉTAT DU CIEL.	VENTS.	ÉTAT de LA MER.
		mm.	deg.			
Aout. 18	9 h. du matin,	758,25	25,20	nuageux.	N.-N.-E.	calme.
	Midi........	757,91	25,90	beau.	E.-N.-E.	moutonn.
	4 h. du soir.	757,98	24,00	pluie.	E.-N.-E.	houleuse.
	Minuit......	757,05	25,30	beau.	E.-N.-E.	houleuse.
19	4 h. du soir.	755,44	24,00	couvert.	E.-N.-E.	très agité
20	9 h. du matin,	759,24	26,30	couvert.	N.-O.	houleuse.
	Midi........	757,56	26,30	id.	N.-E.	houleuse.
	4 h. du soir.	757,24	25,20	id.	N.-N.-O.	houleuse.
21	9 h du matin,	757,17	23,90	couvert.	E.-N.-E.	calme.
	Midi........	758,39	24,20	id.	N.	calme.
	4 h. du soir.	757,20	23,50	id.	N.-N.-O.	calme.
22	9 h. du matin,	760,55	22,30	pluie.	N.-E.	moutonn.
	Midi........	760,80	24,00	couvert.	N.-E.	moutonn.
	4 h. du soir.	760,32	24,70	beau.	O.	moutonn.
23	Midi........	761,88	22,70	beau.	N.	calme.
	4 h. du soir.	760,65	23,10	id.	N.	calme.
24	2 h. 1/2 du mat.	760,01	19,70	beau.		calme.
	9 h. du matin,	760,33	25,70	id.	E.-N.-E.	calme.
	Midi........	760,03	24,20	id.	N.-E.	calme.
25	1 h. du matin,	759,49	19,70	beau.	N.-O.	calme.
	3 h. du matin,	759,52	21,40	id.	N.-O.	calme.
	9 h. du matin,	761,34	25,70	id.	O.-N.-O.	calme.
	Midi........	761,57	27,10	id.	N.-N.-O.	calme.
	4 h. du soir.	761,47	26,40	id.	N.	calme.

MOIS.	ÉPOQUES du JOUR.	Baromètre.	Thermomètre.	ÉTAT DU CIEL.	VENTS.	ÉTAT de LA MER.
Août.		mm.	deg.			
26	4 h. du matin.	761,03	20,70	....	....	calme.
	9 h. du matin.	762,63	25,90	beau.	O.	calme.
	Midi........	759,79	24,70	couvert.	N.-O.	calme.
	4 h. du soir..	761,13	24,50	beau.	O.-N.-O.	calme.
27	9 h. du matin.	759,10	29,40	brumeux.	S.	calme.
	Midi........	760,82	27,90	beau.	N.-N.-E.	calme.
	4 h. du soir..	759,87	25,20	*id.*	N.-E.	calme.
	Minuit......	761,67	23,70	*id.*	....	calme.
28	9 h. du matin.	762,97	24,40	beau.	E. faible.	calme.
	Midi........	762,96	26,30	*id.*	N.-E.	calme.
	4 h. du soir..	762,46	25,50	*id.*	E.-N.-E.	calme.
29	9 h. du matin.	763,08	28,70	beau.	E. faible.	calme.
	Midi........	762,68	26,30	*id.*	N.-E.	calme.
	4 h. du soir..	760,82	25,10	*id.*	E.-N.-E.	calme.
30	9 h. du matin.	763,69	22,70	couvert.	S.-E.	calme.
	Midi........	763,10	25,00	*id.*	N.-E.	calme.
31	9 h. du matin.	761,77	26,50	beau.	N.-E.	calme.
	Midi........	761,03	24,10	couvert.	N.-E.	calme.
	4 h. du soir..	759,98	25,70	beau.	N.-E.	calme.
	8 h. 1/2 du soir.	759,81	23,20	nuageux.	N.-E.	calme.
Sept. 1	9 h. du matin.	758,37	24,70	beau.	E.	calme.
	Midi........	757,49	25,50	couvert.	N.-O.	calme.
	4 h. du soir..	757,30	22,70	pluie.	N.-O.	calme.

MOIS.	ÉTAT du JOUR.	Baromètre.	Thermomètre.	ÉTAT DU CIEL.	VENTS.	ÉTAT de LA MER.
SEPT.		mm.	deg.			
	2 h. du matin.	757,98	21,90	beau.	....	calme.
	9 h. du matin.	758,45	27,10	id.	O.-S.-O.	calme.
2	Midi........	757,18	28,20	id.	N.-O.	calme.
	3 h. du soir..	756,67	26,70	id.	O.	moutonn.
	9 h..........	759,90	24,00	pluie.	N.-E.	calme.
3	Midi........	760,13	25,00	couvert.	N.-E.	houleuse.
	3 h..........	759,90	23,90	id.	N.-E.	houleuse.
4	9 h. du matin.	762,18	....	beau.	S.	calme.
	4 h. du soir..	761,70	....	id.	N.	calme.
	9 h. du matin.	761,82	24,70	beau.	N.-E.	calme.
5	Midi........	761,47	24,00	id.	N.-E.	calme.
	4 h. du soir..	761,29	23,20	id.	N.-E.	agitée.
6	9 h. du matin.	760,52	....	couvert.	N.-E.	houleuse.
	4 h. du soir..	759,63	....	pluie.	N.-E.	houleuse.
	9 h. du matin.	761,81	24,80	beau.	N.-N.-E.	calme.
7	Midi........	760,30	24,20	couvert.	N.	calme.
	4 h. du soir..	660,42	23,50	pluie.	N.-O.	agitée.
	9 h. du matin.	760,22	27,20	couvert.	S.-S.-O.	calme.
8	Midi........	758,37	26,20	id.	N.-O.	calme.
	4 h. du soir..	758,58	24,20	id.	S.-O.	agitée.
	9 h. du matin.	758,89	25,90	beau.	O.	moutonn.
9	Midi........	758,65	24,50	id.	O.-N.-O.	moutonn.
	4 h. du soir..	757,98	24,50	id.	N.-O.	moutonn.

MOIS.	ÉPOQUES du JOUR.	Baromètre.	Thermomètre.	ÉTAT DU CIEL.	VENTS.	ÉTAT de LA MER.
SEPT.		mm.	deg.			
10	9 h. du matin.	759,75	25,00	beau.	N.	calme.
	Midi.......	759,36	25,60	id.	N.-O. fort.	très agitée
	4 h. du soir..	759,50	26,50	id.	N.-O. fort.	très agitée
11	9 h. du matin.	763,14	24,00	beau.	O.-S.-O.	calme.
	Midi.......	763,12	24,50	id.	N.	calme.
	4 h. du soir..	762,82	24,40	id.	N.	calme.
12	9 h. du matin.	763,39	25,30	beau.	N.	calme.
	Midi.......	763,77	25,20	id.	N.-E.	calme.
	4 h. du soir..	762,59	25,00	id.	N.-E.	calme.
	Minuit......	760,43	28,00	id.	S.	calme.
13	9 h. du matin.	761,20	23,80	beau.	S.	calme.
	4 h. du soir..	759,44	25,00	id.	N.-O.	moutonn.
14	9 h. du matin.	757,51	24,00	couvert.	S.-S.-O.	calme.
	4 h. du soir..	755,41	24,00	beau.	O.-N.-O. fort	très agitée
15	9 h. du matin.	757,09	23,00	nuageux.	S.-O. fort.	très agitée
	Midi.......	757,54	25,20	id.	O.-N.-O.	très agitée
	4 h. du soir..	759,10	23,30	id.	O. fort.	très agitée
16	8 h. du matin.	762,28	24,30	beau.	....	calme.
	9 h. du matin.	762,58	23,60	id.	O.-S.-O. faib	calme.
	Midi.......	761,34	24,00	id.	N.-O.	calme.
	4 h. du soir..	761,89	23,20	id.	N.	calme.
17	9 h. du matin.	762,80	23,00	nuageux.	O.	moutonn.
	Midi.......	762,17	24,00	id.	N.-E. fort.	moutonn.
	4 h. du soir..	761,39	23,40	id.	E.-N.-E. fort	très agitée

MOIS.	ÉPOQUES du JOUR.	Baromètre.	Thermomètre.	ÉTAT DU CIEL.	VENTS.	ÉTAT de LA MER.
SEPT.		mm.	deg.			
18	9 h. du matin.	761,90	20,50	couvert.	E.-N.-E.	calme.
	Midi........	760,05	22,00	id.	E.-N.-E. fort	moutonn.
	4 h. du soir..	760,87	21,40	id.	E.-N.-E. fort	moutonn.
19	9 h. du matin.	761,23	22,00	beau.	S.-E. faible.	calme.
	Midi........	761,13	22,20	id.	N.-E. fort.	agitée.
	4 h. du soir..	760,27	22,50	couvert.	N.-E. fort.	agitée.
20	9 h. du matin.	762,38	23,30	couvert.	E.-S.-E.	calme.
	Midi........	761,59	23,20	id.	N.-E.	agitée.
	4 h. du soir..	761,15	22,80	id.	N.-E.	agitée.
21	9 h. du matin.	760,02	24,00	beau.	S.	calme.
	Midi........	760,26	23,80	id.	S.	calme.
	4 h. du soir..	758,47	23,30	couvert.	O.	agitée.
22	9 h. du matin.	759,76	22,00	pluie.	S.-O.	calme.
	Midi........	759,01	23,00	couvert.	N.-E.	calme.
	4 h. du soir..	756,79	23,60	beau.	N.-E.	moutonn.
	8 h. du soir..	758,67	25,20	id.		
23	6 h. du matin.	759,03	21,00	beau.	S.-O.	calme.
	9 h. du matin.	760,45	24,20	id.	S.-O.	calme.
	Midi........	760,15	24,40	id.	N.-O.	moutonn.
	4 h. du soir..	760,56	23,60	nuageux.	O.	moutonn.
	8 h. ³/₄ du soir.	762,52	21,00			
24	6 h. ½ du mat.	762,90	20,30	couvert.	N.	calme.
	4 h. du soir..	762,79	22,20	id.	N.	calme.

MOIS.	ÉPOQUES du JOUR.	Baromètre.	Thermomètre.	ÉTAT DU CIEL.	VENTS.	ÉTAT de LA MER.
Sept. 25		mm.	deg.			
	9 h. du matin.	761,21	22,80	pluie.	E.	calme.
	Midi........	760,01	23,40	couvert.	E. N.-E. fort	moutonn.
	4 h. du soir..	757,12	23,00	id.	E. fort.	très agitée
26	9 h. du matin.	759,01	21,40	nuageux.	O.-S.-O.	très agitée
	Midi........	758,50	22,80	id.	O.-S.-O.	très agitée
	4 h. du soir..	757,77	22,00	id.	O.-N.-O. fort	très agitée
27	Midi........	758,15	23,20	orageux.	O. fort.	très agitée
	4 h. du soir..	758,09	22,80	id.	N.-O. fort.	très agitée
28	9 h. du matin.	759,41	22,30	beau.	S.-O.	calme.
	Midi........	758,59	23,40	id.	S.-O.	calme.
	4 h. du soir..	757,08	22,50	id.	N.-N.-E.	calme.
29	9 h. du matin.	759,87	23,70	beau.	N.	calme.
	Midi........	758,89	23,40	id.	N.-O. fort.	agitée.
	4 h. du soir..	758,95	23,50	id.	N.-O. fort.	agitée.
30	9 h. du matin.	754,81	24,00	couvert.	S.	calme.
	Midi........	754,09	26,80	brumeux.	O. fort.	moutonn.
	4 h. du soir..	754,57	24,60	id.	O. fort.	moutonn.

20 juillet 1830. — La citerne de notre maison, rue de la Fonderie, donnait............................... 17,00
15 octobre 1830. —   Idem.................. 17,00
15 novembre 1830. — Citerne du fort de l'Empereur........ 16,80
    Idem.   Idem.................. 16,80
22 juillet 1830. — Sur la plage, entre les bassins et l'Arrach, la masse du sable avait une température de 45°, et à la surface, légèrement recouvert, le thermomètre marquait 56°. Les souliers furent brûlés ; dans le même moment, la température de l'air était de 25° seulement.

TABLEAU DES OBSERVATIONS MÉTÉOROLOGIQUES *faites hors d'Alger, dans la plaine de la Métidja, pendant les années 1830 et 1831.*

MOIS.	ÉPOQUES du JOUR.	Thermomètre.	ÉTAT DU CIEL.	Observations générales.
Novem.		deg.		
17	2 h. du soir....	23,00	beau.	
18	Lever du soleil.	15,00	pluie.	
19	2 h. 1/2 du soir.	14,00	beau.	A Belida au pied de l'Atlas.
	Coucher du sol.	13,00	id.	Idem.
20	Lever du soleil.	9,00	id.	Idem.
	Midi..........	15,20	id.	
	Coucher du sol.	11,00	id.	A la Ferme de l'Aga au pied de l'Atlas
21	Lever du soleil.	8,00	id.	Idem.
27	Lever du soleil.	10,00	id.	Idem.
	2 h. du soir....	18,00	id.	A Belida.
	Coucher du sol.	11,50	id.	Idem.
28	Lever du soleil.	12,00	id.	Idem.
	2 h. du soir....	17,50	id.	Dans le milieu de la plaine.
	Coucher du sol.	13,50	....	Idem.
29	Lever du soleil.	10,00	pluie.	Idem.
Décem.				
7	1 h. du soir....	15,60	pluie.	
	Coucher du sol.	11,00	....	
8	Lever du soleil.	11,50	très frais.	
	Coucher du sol.	13,50		Au pied de l'Atlas Mouzaya.
9	Lever du soleil.	16,00	beau.	Idem.
14	Lever du soleil.	6,00	pluie.	A la Ferme de l'Aga au pied de l'Atlas
29	11 h. du matin.	15,00	beau, v. S.-O.	Pendant ces observations, le Petit Atlas était couvert de neige.
	3 h. du soir....	16,00	beau, v. S.	
	Coucher du sol.	15,00	id.	
30	Lever du soleil.	10,00	v. S. fort.	
	Midi..........	23,00	id.	
31	Lever du soleil.	14,00	id.	
	Coucher du sol.	14,00	id.	A la Ferme de l'Aga au pied de l'Atlas

MOIS.	ÉPOQUES du JOUR.	Thermomètre.	ÉTAT DU CIEL.	Observations générales.
Janv. 1831.		deg.		
1	Lever du soleil.	7,50	N. O.	
		14,00	....	Température d'un puits très profond situé au milieu de la plaine.
	3 h. du soir....	13,00		
	Coucher du sol.	10,00		
2	Lever du soleil.	7,50		
	2 h. du soir...	13,50	beau.	
3	Lever du soleil.	2,00	id.	Gelée blanche, et très froid.
	Coucher du sol.	8,00	id.	
4	Lever du soleil.	2,00	id.	Gelée blanche, et très froid.

Sur le Petit Atlas. Col de Ténia, à **1000**m *au dessus de la mer.*

MOIS.	ÉPOQUES du JOUR.	Thermomètre.	ÉTAT DU CIEL.	Observations générales.
Novem.				
21	Coucher du sol.	10,00		
22	Lever du soleil.	8,00		
Décem.				
13	7 h. du matin..	3,00	pluie et neige	Le 13 décembre, il y avait de la neige sur tout le Petit Atlas, et 3 pouces d'épaisseur au col de Ténia.

A Médéya, à **800**m *au dessus de la mer.*

MOIS.	ÉPOQUES du JOUR.	Thermomètre.	ÉTAT DU CIEL.	Observations générales.
Novem.				
22	Coucher du sol.	8,00		
23	Lever du soleil.	7,50		
	2 h. du soir....	15,00		
	Coucher du sol.	13,00		
24	Lever du soleil.	6,50		
	2 h. du soir....	12,50		
25	Lever du soleil.	8,50	pluie et br.	
26	Lever du soleil.	7,00		

MOIS.	ÉPOQUES du JOUR.	Thermomètre.	ETAT DU CIEL	VENTS.	Observat. générales.
Décem.		deg.			
10	Lever du soleil	7,00	pluie.	....	Tous les sommets du Petit Atlas sont couverts de neige.
	2 h. du soir..	7,00	id.		
11	Lever du soleil	5,00	pluie.	....	Il fait très froid.
	2 h. du soir...	7,00	pluie, neige avec t. couv. et froid		
12	Lever du soleil	5,50			
Novem.					
23	....	14,00	....	....	Un puits assez profond.
23	....	14,00	....	....	Une fontaine sortant du pied du rocher de Médéya au S.-O.

A Oran, à 90^m *au dessus de la mer,* 1831.

MOIS.	ÉPOQUES du JOUR.	Thermomètre.	ETAT DU CIEL	VENTS.	Observat. générales.
Juin.					
28	....	....	orage, pluie.	....	Après le coucher du soleil, il tombe à Oran une rosée si forte qu'en restant seulement dehors pendant une heure, on a ses habits traversés.
29	Matin.......	....	pluie.		
	A 2 h. du soir.	23,90	beau.		
30	Lever du soleil.	17,50	id.		
	A 2 h. du soir..	23,70	id.		
Juill.					
1	A 2 h. du soir.	23,90	beau.		
	Couc. du soleil.	22,00	id.		
2	A 2 h. du soir.	23,70	id.		
	Couc. du soleil.	22,40	nuageux.		
3	Lever du soleil.	15,50	beau.		
	A 2 h. du soir..	23,50	id.		
	Couc. du soleil.	21,80	id.		
4	Lever du soleil.	21,50	id.		

MOIS.	ÉPOQUES du JOUR.	Thermomètre.	ÉTAT DU CIEL	VENTS.	Observat. générales.
JUILL. 4	A 2 h. du soir..	deg. 24,20	couvert.		
5	Lever du soleil	19,50	beau.		
	A 2 h. du soir..	22,80	couvert.		
6	Lever du soleil.	19,00	brumeux.		
	A 2 h. du soir.	22,60	beau.	N.	
	Couc. du soleil	19,00	orageux.		
7	Lever du soleil.	19,00	couvert.		
	A 2 h. du soir.	24,00	beau.		
8	A 2 h.........	25,00	id.		
	Couc. du soleil.	22,50	id.		
9	Lever du soleil	20,00	brumeux.		
	A 2 h. du soir..	24,50	beau.		
	Couc. du soleil.	22,50	couvert.		
10	A 9 h. du mat.	23,50	id.		
	A 2 h. du soir.	24,80	beau.		
	Couc. du soleil	21,50	couvert.		
11	Lever du soleil	20,00	id.		
	A 2 h. du soir.	22,50	pluie.	....	Pendant quelques minutes seulement.
	Couc. du soleil	22,00	orageux.		
12	A 2 h. du soir.	24,40	beau.		
	Couc. du soleil	22,50	id.		
13	Lever du soleil	19,00	id.		
	A 2 h. du soir.	26,00	....	S.	
14	A 2 h. du soir.	25,00	brumeux.	S.	
	Couc. du soleil	24,00	orageux.		

MOIS.	ÉPOQUES du JOUR.	Thermomètre.	ÉTAT DU CIEL	VENTS.	Observat. générales.
JUILL. 15	Lever du soleil	deg. 17,50	beau.		
	A 2 h. du soir..	25,10	id.		
	Couc. du soleil	22,00	id.		
16	A 2 h. du soir..	25,20	id.		
	Couc. du soleil	22,00	id.		
17	Lever du soleil	17,50	id.		
	A 2 h. du soir.	25,40	id.		
	Couc. du soleil	23,00	pluie.	....	Quelques gouttes seulement.
18	A 2 h. du soir.	25,20	couvert.		
19	Lever du soleil	23,00	id.		
	A 2 h. du soir.	25,60	beau.		
	Couc. du soleil	22,60	couvert.		
20	A 2 h. du soir.	25,70	beau.		
	Couc. du soleil	23,50	brumeux.		
21	Lever du soleil	20,50	couvert.		
	A 2 h. du soir.	26,00	beau.		
	Couc. du soleil	23,80	id.		
22	A 2 h. du soir.	26,30	id.		
	Couc. du soleil	23,80	id.		
23	A 2 h. du soir.	26,50	id.		
	Couc. du soleil	24,10	id.		
24	A 2 h. du soir.	26,20	id.		
25	Lever du soleil	24,50	orageux.		
	A 9 h. du mat.	....	pluie.		
	A 2 h. du soir.	26,50	beau.	S.	

MOIS.	ÉPOQUES du JOUR.	Thermomètre.	ÉTAT DU CIEL	VENTS.	Observat. générales.
Juill.		deg.			
25	Couc. du soleil	26,30	beau.	S.	
26	Lever du soleil	24,00	id.		
	A 2 h. du soir.	26,50	id.		
	Couc. du soleil	23,50	id.		
27	Lever du soir.	23,10	nuageux.		
	Couc. du soleil	25,20	beau.		
28	Lever du soleil	23,50	id.		
	A 2 h. du soir.	26,60	id.	E.	
29	A 2 h. du soir.	26,60	id.		
30	A 2 h. du soir.	26,50	brumeux.		
	Couc. du soleil	24,50	id.		
31	Couc. du soleil	26,00	couvert.		
Aout.					
1	Lever du soleil	24,60	brumeux.	....	Pendant tout mon séjour à Oran, la température a été fort agréable.
	A 2 h. du soir.	28,00	beau.		
2	A 2 h. du soir.	26,60	id.		
Juill.					
2	....	17,00	....	....	Citerne de la Kasba.
9	A 4 h. du soir.	32,00	....	....	Dans le sable au bord de la mer.
	A 4 h. du soir.	23,50	....	....	Eau de la mer à la surface.
16	....	17,50	....	....	Citerne de Kasba.
	A 4 h. du soir.	23,75	....	....	Eau de la mer à la surface.
22	A 4 h. du soir.	27,00	....	....	Eau de la mer à la surface.
	A 4 h. du soir.	24,00	....	....	Air libre.
24	....	18,00	....	....	Première citerne de Mers-el-Kebir.
	....	18,50	....	....	Deuxième citerne de Mers-el-Kebir.
27	....	18,50	....	....	Les deux citernes de Mers-el-Kebir.

Comme il y a eu plusieurs interruptions dans le cours de nos observations, nous ne pouvons pas en conclure la température moyenne de l'année, ni la hauteur moyenne de la colonne barométrique. Pour obtenir la température moyenne d'Alger et celle de plusieurs autres points, j'ai eu recours aux citernes et aux sources venant d'une grande profondeur. Nous possédions dans notre maison, rue de la Fonderie, n° 7, à Alger, une citerne dont la température n'a varié que de quelques dixièmes de degrés pendant treize mois. Après avoir observé plusieurs fois la température de cette citerne, j'ai pris la moyenne de tous les résultats et j'ai obtenu exactement 17 degrés; ce qui s'accorde assez bien avec ce que m'ont donné plusieurs sources qui existent dans le fond des vallées du mont Bou-Zaria. Ainsi on peut prendre 17 degrés pour la température moyenne d'Alger. La citerne du château de l'Empereur, située à deux cents mètres au dessus de celle de la rue de la Fonderie, m'a donné 16 degrés 80 centièmes pour la température moyenne de ce point.

Pendant les mois de juillet et d'août, j'ai pris plusieurs fois la température de la masse du sable au bord de la mer, et je l'ai toujours trouvée entre 40 et 45 degrés. Le 22 juillet 1830, sur la plage, entre les bassins de Bab-Azoun et de l'Arrach, le thermomètre, enfoncé à $0^m,3$ dans le sable, à une heure du soir, monta jusqu'à 45 degrés; rapporté ensuite à la surface et recouvert d'une légère couche de sable, il marqua 56 degrés; les semelles de nos souliers furent brûlées, et quelques uns des soldats que nous avions avec nous s'en allèrent, en disant qu'il leur était impossible de résister à la chaleur qu'ils éprouvaient aux pieds. Le capitaine Levret mit des œufs dans le sable dans l'espoir de les voir cuire, mais ils n'éprouvèrent point d'altération sensible.

Il m'est arrivé plusieurs fois de descendre dans le fond d'une vallée où le soleil donnait et d'être forcé d'en sortir aussitôt pour ne pas être suffoqué; mais, au milieu de la campagne, la chaleur, quelque forte qu'elle soit, n'est pas accablante, à l'exception cependant des jours de vent du sud.

Les plages qui bordent la mer aux environs d'Alger, la surface des plateaux, le sol de la plaine de la Métidja, sont fortement échauffés pendant l'été; néanmoins, je n'y ai jamais vu le phénomène du mirage s'y produire complétement : les objets ondulaient fortement et paraissaient entourés d'eau, mais l'image renversée se voyait rarement, et elle n'était jamais bien nette.

Voici un autre phénomène que j'ai vu se reproduire plusieurs fois d'une manière bien remarquable, particulièrement pendant la guerre d'Alger au mois de juin 1830, et qui tendrait à faire croire que, dans certains États, l'air atmosphérique jouit de la propriété de donner deux images des objets, absolument comme un cristal de spath d'Islande. Le 27 juin, par un temps superbe, à 10 heures du matin, le thermomètre marquait 26°; en examinant la ligne de troupes, j'en vis bien distinctement deux images : l'image extraordinaire était un peu moins forte que l'autre, mais elle se distinguait encore parfaitement ; elle se trouvait élevée d'un quart de sa hauteur et un peu déviée latéralement. Le même phénomène avait lieu pour les hommes isolés. Beaucoup de tentes algériennes dont nous nous étions emparés, avaient sur leurs sommets des globes en fer-blanc portant un croissant; sur tous ces globes on en apercevait très indistinctement un second tangent au premier. J'ai vu depuis le même phénomène se reproduire d'une manière aussi tranchée ; plusieurs années auparavant j'avais déjà eu occasion de l'observer en France, par un temps assez froid : ce qui me fait penser qu'il n'est point dû, comme le mirage ordinaire, à l'influence de la chaleur sur les molécules de l'air ; ce doit être un état particulier de ce fluide dans lequel il jouit de la double réfraction.

Récapitulons maintenant les observations consignées dans notre tableau pour en déduire les conséquences les plus importantes.

En comparant entr'elles les températures des différens mois de l'année, on voit que c'est dans le mois de décembre que le thermomètre est descendu le plus bas à Alger, mais il ne s'est jamais abaissé au dessous de zéro : son minimum a été de $2°,80$. Pendant mon séjour à Alger, je n'ai point vu de glace, ni de gelée blanche dans cette ville ou dans la campagne environnante ; la neige qui couvrit tout le mont Bou-Zaria, le 25 décembre 1830, et qui tomba aussi dans les rues d'Alger, n'a pas persisté plus d'une heure.

Quoique le froid ne soit pas aussi intense en Barbarie que dans le centre de la France, on en souffre peut-être davantage quand il se fait sentir; toutes les fois que le thermomètre descendait au dessous de 6°, ce qui avait toujours lieu par les vents du Nord et du Nord-Ouest, il faisait un froid humide extrêmement désagréable. Comme les maisons sont toutes construites pour l'été et qu'il n'y a pas de cheminée dans les appartemens, il était tout à fait impossible de s'en garantir; et, malgré le *braséro* que je faisais mettre dans ma chambre, j'affirme que j'ai plus souffert du froid en Afrique, pendant les mois de décembre et de janvier, qu'en France dans les hivers les plus rigoureux. Les Maures et les Arabes supportaient le froid aussi bien et peut-être mieux que nous; ils se couvraient cependant davantage qu'à l'ordinaire: j'en ai même vu plusieurs mettre deux bernous, mais ils conservaient toujours les jambes nues, et un grand nombre continuait à marcher pieds nus. Les animaux ne paraissaient pas être plus sensibles au froid que les hommes. Voici un fait qui prouve que les animaux de l'Afrique supportent mieux le froid qu'on ne pourrait le croire.

J'ai rapporté d'Oran à Paris trois gerboises vivantes, que j'ai conservées aussi vives et aussi gentilles qu'en Afrique, pendant tout l'hiver de 1831 à 1832, quoiqu'elles fussent dans ma chambre la plupart du temps sans feu.

C'est pendant le mois d'août, abstraction faite des époques où le vent du Sud soufflait, que j'ai vu le thermomètre monter le plus haut, 33°, 50. Dans les mois de juin, de juillet et de septembre, il s'est élevé à 29°, 30° et 31°; c'est pendant ces quatre mois que les chaleurs sont les plus fortes. Au mois d'octobre, la température est extrêmement agréable, quoiqu'il y ait encore quelques jours où le thermomètre s'élève à 24 degrés; en novembre, commencent le mauvais temps et le froid qui durent, par intervalles, jusqu'aux derniers jours d'avril.

Vers la fin de décembre, les arbres perdent leurs feuilles, mais avant le 20 janvier on en voit de nouvelles se montrer, les haies sont presque toujours parsemées d'arbustes verts et fleuris. Au milieu de février, la végétation est en pleine activité; et, dans les premiers jours de mars, on fait une première récolte de pommes, de poires et de quelques autres fruits. De mars en juin, on a un temps délicieux sur la côte de Barbarie; à part les jours de mauvais temps, on dirait être dans un paradis terrestre; mais au mois de juin, les grandes chaleurs commencent à se faire sentir, les sources se tarissent et la végétation périclite.

L'examen de notre tableau prouve que le maximum de température a généralement lieu entre midi et deux heures du soir; mais il prouve aussi que le thermomètre est souvent plus élevé à 9 heures du matin qu'à toutes les autres époques de la journée. C'était presque toujours entre 9 et 10 heures que nous souffrions le plus de la chaleur, et cela provenait du calme qui existait dans l'air jusqu'à cette époque; mais vers 10 heures, il s'élevait ordinairement une brise de mer ou du vent qui venait rafraîchir l'atmosphère, et permettre aux hommes et aux animaux de respirer.

Les nuits ne sont pas aussi froides sur la côte d'Afrique qu'ont bien voulu le dire certains voyageurs, et qu'on l'a imprimé dans toutes les relations des attaques des Espagnols contre Alger : en comparant les hauteurs du thermomètre chaque jour au lever et au coucher du soleil, on verra que le plus grand abaissement pendant la nuit a été, au mois de décembre seulement, lors du plus grand froid, 7°,50, mais que cet abaissement varie ordinairement entre 1° et 3°, il va rarement à 4°. En général, les rosées sont très abondantes; j'ai souvent vu les toiles de nos tentes percées par elles, mais j'ai aussi observé plusieurs fois que, bien que le ciel eût été très pur pendant toute la nuit, la rosée était presque nulle le lendemain matin.

Dans les treize mois qu'ont duré nos observations à Alger, le baromètre n'est jamais descendu au dessous de $746^{mm},00$ et il ne s'est pas élevé au dessus de $774^{mm},00$; c'est dans le mois de février qu'il s'est élevé le plus haut, et dans celui de mars qu'il s'est abaissé davantage; la demi-somme de ces nombres se trouve exactement 760^{mm} : à l'équinoxe du printemps, la colonne barométrique a varié entre $746^{mm},00$ et $761^{mm},00$; à celui d'automne (1830), elle s'est soutenue entre 751^{mm} et 764^{mm}; et en 1831, entre 754^{mm} et 763^{mm}; au solstice d'été, elle s'est élevée à 764^{mm} seulement, mais elle n'est pas descendue au dessous de 760^{mm}; au solstice d'hiver, l'abaissement a été aussi considérable que pendant les équinoxes.

Nous avons plusieurs fois observé le baromètre pendant vingt-quatre heures de suite, afin de déterminer la loi des variations diurnes, et voici ce que nous avons remarqué : la colonne de mercure atteint son maximum de hauteur à *neuf heures du matin;* elle descend ensuite jusqu'à *quatre heures du soir*, époque du minimum, et elle remonte pendant toute la nuit jusqu'à neuf heures du matin; cette règle m'a paru subir peu d'exceptions; cependant, le 17 mars 1831, j'ai observé un maximum à dix heures du soir et un minimum à six heures du matin le 18, quoiqu'il n'y eût point eu de variations sensibles dans l'état de l'atmosphère.

A Alger, les hauteurs de la colonne barométrique annoncent assez bien le beau et le mauvais temps; nous nous sommes rarement trompés dans les prédictions que nous avons faites d'après leur indication; nous avions prévu, deux jours à l'avance, la grande pluie du mois de décembre 1830. Les vents qui amènent la pluie et font baisser le baromètre sont ceux du Nord et du Nord-Ouest, les plus communs sur la côte d'Afrique. Celui du Sud le fait aussi baisser ; j'ai vu cet abaissement aller jusqu'à cinq millimètres; je crois qu'il est dû à la grande quantité de vapeurs rousses répandues alors dans l'atmosphère. Les autres vents le font monter et amènent le beau temps. Pendant la durée des grandes chaleurs, j'ai souvent vu les deux ménisques barométriques disparaître entièrement, et les colonnes terminées par des surfaces sensiblement planes; j'attribue cet effet au grand état de sécheresse dans lequel le tube se trouvait alors.

Les vents les plus communs sur la côte d'Alger sont ceux du Nord et du Nord-Ouest; ceux du Sud, du Sud-Ouest et du Sud-Est sont beaucoup moins fréquens, mais les plus rares sont ceux de l'Est et de l'Ouest. C'est depuis novembre jusqu'en avril que les vents du Nord et du Nord-Ouest se font le plus fortement sentir; ils occasionent quelquefois des tempêtes dangereuses, mais beaucoup moins souvent qu'on avait voulu nous le faire croire avant le départ de l'expédition, comme on peut s'en assurer en examinant le tableau précédent. Depuis le 14 juin 1830 jusqu'au 6 octobre 1831, je n'ai vu que six fois la mer assez mauvaise pour mettre en perdition les bâtimens qui étaient à l'ancre, soit dans la rade d'Alger, soit dans celle de Sydi-Efroudj. C'est de novembre en mars que la mer a été le plus agitée, et non pas dans le voisinage des équinoxes. Il est bien vrai, cependant, qu'il existe souvent sur tout le littoral d'Alger une houlle assez forte pour rendre l'abordage dangereux : cette houlle se fait même sentir quelquefois quand la mer est calme; mais les vaisseaux qui sont à l'ancre, à une certaine distance de la côte, n'en sont point incommodés.

Le *vent du Sud*, *Semoum* des Arabes, *la Betsh* des matelots algériens, ne souffle ordinairement que trois ou quatre fois par mois, il est rare qu'il dure plus de 24 heures. Ce vent est annoncé par un brouillard et des brumes rousses qui couvrent toute la chaîne du petit Atlas; bientôt la chaleur devient accablante et le vent se fait sentir, la température augmente toujours de 5° à 6°; le 17 septembre 1830, cette augmentation est allée jusqu'à 10°, à midi le thermomètre marquait 38°; il faisait alors une chaleur accablante, on pouvait à peine respirer, on éprouvait des maux de tête assez forts et des lassitudes dans tous les membres. Les Maures et les Arabes s'enfermaient chez eux ou se retiraient sous les arbres; ils étaient au moins aussi accablés que nous; nos soldats ivres tombaient sans connaissance, ceux qui n'avaient qu'un peu de vin ne pouvaient plus marcher; les uns et les autres éprouvaient de violens maux de tête. Ce vent ne souffla fort heureusement que pendant 24 heures; s'il eût duré avec la même intensité pendant deux jours, il aurait pu faire beaucoup de mal. Je n'ai jamais ouï dire qu'il fut le véhicule de quelque maladie, ni pour les hommes, ni pour les animaux. Le semoum fait toujours baisser le baromètre, comme nous l'avons déjà remarqué.

C'est pendant le mois de décembre que le vent du Sud s'est fait le plus souvent sentir à Alger : les vents du Sud et du Sud-Ouest ont régné vingt-deux jours, et alors le thermomètre baissait presque toujours au lieu de monter. Voici comment j'explique ce phénomène : les principaux sommets du petit Atlas étant alors couverts de neige, l'air se trouvait beaucoup refroidi sur cette chaîne de montagnes, et le thermomètre devait s'abaisser au dessous de zéro, dans le même moment qu'il s'élevait à Alger à 15 et à 20°; l'air se trouvant ainsi beaucoup plus raréfié sur ce point que sur l'Atlas, il s'établissait un courant du Sud vers le Nord, et l'air venant du Sud, étant beaucoup plus froid que l'autre, devait naturellement faire baisser le thermomètre.

La saison des pluies et des orages dure six mois sur la côte de Barbarie, de novembre en mai. C'est dans les trois premiers mois qu'il pleut davantage : il y a eu trente-six jours de pluie du 1er novembre 1830 au 1er février 1831, et vingt-trois jours seulement depuis cette époque jusqu'au 1er mai. Dans ces six mois, nous avons eu dix jours d'orage, avec tonnerre et grêle, dont sept dans le mois de décembre, et un jour de neige. Pendant les six autres, les pluies ont été fort rares, j'ai cependant encore compté vingt-trois jours pluvieux; mais alors la pluie dure rarement plus d'une heure ou deux, tandis qu'en hiver elle continue souvent pendant vingt-quatre, et quelquefois elle dure plusieurs jours. Comme dans tous les pays chauds, les pluies sont extrêmement abondantes sur la côte de Barbarie : dans notre expédition, le long de l'Atlas, au mois de mai 1831, nous étions assaillis chaque soir par des torrens d'eau.

Les orages sont rares, mais ceux qui éclatent sont toujours extrêmement violens; l'air est alors chargé d'une grande quantité d'électricité, les éclairs embrasent l'atmosphère, et le tonnerre roule avec un fracas épouvantable; je l'ai vu tomber plusieurs fois en hiver. La masse d'électricité répandue dans l'air donne lieu, comme on sait, à une foule de phénomènes curieux. Quelques uns de ces phénomènes se manifestent, en Afrique, avec une intensité inconnue en Europe. Le 8 mai 1831, après le coucher du soleil, toute l'atmosphère était en feu ; le tonnerre grondait continuellement et les éclairs sillonnaient les airs dans toutes les directions. On aperçut alors, aux extrémités des mâts de pavillon, qui sont en grand nombre dans l'intérieur d'Alger et sur les forts environnans, une lumière blanche en forme d'aigrette, qui persista pendant une demi-heure. Des officiers du génie et de l'artillerie, qui se promenaient, tête nue, sur la terrasse du fort Bab-Azoun, furent très étonnés de sentir leurs cheveux se dresser et de voir une petite aigrette à l'extrémité de chacun de ceux de leurs camarades. Quand ils levaient les mains en l'air, il se formait des aigrettes au bout de leurs doigts, qui disparaissaient aussitôt qu'ils les abaissaient. Pour vérifier complétement le fait, ces messieurs firent venir sur la terrasse dix soldats, sur lesquels le phénomène se reproduisit à l'instant même et avec une égale intensité. Les officiers et les soldats éprouvèrent des contractions nerveuses dans les membres, et une lassitude générale, principalement dans les jambes.

Les jours de mauvais temps exceptés, la température est extrêmement agréable dans les environs d'Alger, depuis le commencement de janvier jusqu'au 15 juin. C'est alors seulement que commencent les grandes chaleurs qui continuent presque sans interruption, jusqu'à la fin de septembre. La chaleur est très vive ; mais elle n'est point accablante, et l'on y résiste fort bien si l'on peut se passer de boire pendant quelques heures; les personnes qui se livrent à toute l'ardeur de leur soif transpirent beaucoup et ne tardent pas à n'en pouvoir plus. Quand je dis que la chaleur n'est point accablante, je fais abstraction des jours au souffle des semoum, dont j'ai décrit plus haut les effets.

Pendant les grandes chaleurs, et particulièrement dans les premiers jours de septembre, une demi-heure après le coucher du soleil, une lumière rouge très intense se montrait à l'horizon du côté de l'Ouest; cette lumière s'élevait à plus de 15° au dessus de l'horizon, et son étendue en longueur pouvait être de 20 à 25°. Elle formait une espèce de demi-cercle appuyé sur la mer, et son intensité allait en décroissant du centre à la circonférence; mais ce décroissement avait lieu d'une manière uniforme, et on n'apercevait pas de jets, comme dans les aurores boréales. Cependant l'intensité de la lumière étant extrêmement forte, j'observai très attentivement la boussole, plusieurs fois pendant toute la durée du phénomène; mais, n'ayant remarqué aucune variation dans la position de l'aiguille aimantée, j'en conclus que ce n'était autre chose que la lumière crépusculaire, dont l'intensité se trouvait alors être très considérable.

Brouillards. Presque tous les matins, la plaine de la Métidja est couverte de brouillards qui s'élèvent jusqu'au quart de la hauteur du petit Atlas ; mais sur les collines qui bordent cette plaine au Sud et particulièrement dans les environs d'Alger, les brouillards sont assez rares et ne durent jamais bien long-temps. Du 15 juillet au 15 août 1831, il régna, à plusieurs reprises, sur toute la côte Nord de l'Afrique, un brouillard extrêmement remarquable, qu'on observa également dans le midi de l'Europe jusqu'à Paris et même aux États-Unis (New-Yorck), et sur lequel M. Arago a publié une notice dans l'*Annuaire du bureau des longitudes pour l'année* 1832. J'étais alors à Oran et j'avais remarqué plusieurs fois, sans y faire autrement attention, que la lumière du soleil se trouvait tellement affaiblie par le brouillard, qu'on pouvait regarder cet astre pendant plusieurs minutes de suite, sans avoir les yeux fatigués. Le 3 août, je revenais à Alger sur la corvette de charge *la Dordogne*; à sept heures du matin, nous étions en vue des côtes, il faisait du brouillard, et le soleil, extrêmement affaibli, répandait une lumière bleue sur tous les objets. Nous examinions ce phénomène avec attention, lorsqu'un matelot s'écria qu'il voyait un oiseau dans le soleil; aussitôt tout l'équipage leva les yeux, et beaucoup de marins confirmèrent ce que le premier avait avancé. Malgré tous mes efforts, je ne pus rien découvrir dans le disque solaire, qui paraissait alors d'un bleu clair et qu'on pouvait regarder assez long-temps sans se fatiguer la vue; mais, ayant pris ma lunette, je découvris vers le centre un groupe de taches disposées en croix. Je quittai alors ma lunette, et regardant à l'œil nu vers le centre du soleil, je vis parfaitement les taches que les matelots prenaient pour un oiseau; le phénomène dura pendant plus d'un quart d'heure. Ce fait est d'autant plus remarquable, que c'est la première fois, je pense, que les taches du soleil ont été aperçues à la vue simple. Dans les mêmes circonstances qu'en Afrique, la lumière du soleil a été remarquée sur plusieurs points du midi de l'Europe; aux États-Unis, elle était

vert d'émeraude. M. Arago, qui analyse toutes les circonstances du phénomène, dit qu'on peut supposer que la couleur bleue ou verte soit le résultat d'une matière gazeuse répandue dans l'atmosphère ; mais, ajoute-t-il, « jusqu'ici on
» n'en connaissait pas d'exemple bien constaté,
» et les teintes, transmises par des nuages, par
» des brouillards, avaient toujours appartenu
» à des nuances plus ou moins prononcées de
» rouge ou de pourpre, c'est à dire à ce qui ca-
» ractérise le plus habituellement les diapha-
» néités imparfaites. Peut-être se croira-t-on
» autorisé, par cette circonstance, à ranger le
» brouillard de 1831 parmi les matières cos-
» miques ; mais je crois devoir faire observer
» que la coloration insolite, bleue ou verte du
» disque solaire pourrait n'avoir eu rien de réel ;
» que si les brouillards ou les nuages voisins
» du soleil étaient, comme on peut le supposer,
» rouges par réflexion, la lumière directe de cet
» astre affaiblie, mais non colorée, dans son
» trajet à travers les vapeurs atmosphériques, ne
» pouvait pas, du moins en apparence, ne point
» se revêtir de la teinte complémentaire du
» rouge, c'est à dire d'un bleu plus ou moins

» verdâtre. Le phénomène rentrerait ainsi dans
» la classe des couleurs accidentelles dont les
» physiciens modernes se sont tant occupés :
» ce serait un simple effet du contraste. »

Taches du soleil. Dans les observations astronomiques que nous avons faites à l'observatoire d'Alger pour déterminer la position géographique de cette ville, j'ai souvent eu occasion d'observer les taches du soleil, qui ont été très nombreuses pendant l'été de 1830. J'ai vu ces taches, réunies par groupes de différentes formes, paraître à un bord, se mouvoir lentement, et disparaître au bord opposé, ainsi que tous les observateurs qui les ont étudiées; mais en outre elles m'ont toutes paru être des corps solides flottant au milieu d'un liquide : je voyais autour de chaque tache des anneaux ondulant, semblables à ceux qu'on observe autour d'une masse de bois qui flotte à la surface d'un lac. Le 29 août à midi, les taches étaient disposées suivant une ligne droite formant presqu'un diamètre du disque, et le 1er septembre elles s'étaient réunies en deux groupes aux extrémités de ce diamètre. Ces faits curieux viennent appuyer la supposition que le soleil est une masse à l'état de fluidité ignée, et que les taches qui se montrent souvent sur son disque sont des scories qui nagent à la surface du liquide.

Sphéricité de la lune. Pour déterminer approximativement la longitude d'Alger, nous observâmes l'éclipse totale de la lune du 2 septembre 1830. Il faisait un temps magnifique, l'air était calme et d'une diaphanéité complète. En cherchant à saisir les immersions et les émersions des deux bords, la disposition de l'ombre terrestre sur la lune me fit paraître la sphéricité de celle-ci d'une manière frappante. Quand j'étais enfant, je regardais la lune comme un cercle lumineux qui voyage dans le ciel : par la suite, l'étude m'apprit que c'était un corps sphérique et opaque, comme la terre; mais ce n'est que le 2 septembre 1830 que j'ai eu occasion de m'en convaincre par mes yeux.

Plaine de la Métidja. J'ai trouvé 14° pour la température d'un puits très profond, situé au milieu de cette plaine à la hauteur du Kabrer-Roumiah.

En décembre, j'ai vu le thermomètre à l'ombre s'élever jusqu'à 16° et à 23° par le vent du Sud, le 4 janvier 1831, au lever du soleil, pendant que le petit Atlas était couvert de neige, la plaine était couverte de gelée blanche, mais il n'y avait point de glace, le thermomètre descendit cependant à — 2°,00 : c'est la seule fois que j'aie vu le thermomètre au dessous de zéro pendant mon séjour en Afrique. Lors de notre expédition du mois de mai 1831, il ne s'éleva pas au dessus de 24°; mais, dans celle du mois de juin suivant, il monta jusqu'à 36° par le vent du Sud, qui régna presque constamment alors.

Petit Atlas. Sur le col de Tenia, à 1,000 mètres au dessus du niveau de la mer, le 13 décembre 1830, par un temps affreux, et lorsque toutes les montagnes voisines étaient couvertes de neige, à 7 heures du matin, le thermomètre se soutenait encore à + 3°. Durant la nuit, nous souffrîmes cependant autant que dans les plus grands froids de France; les poules que nous avions apportées de Médéya moururent toutes; nos chevaux tremblaient et avaient de la peine à se soutenir. Sur le même point, le 21 novembre, au coucher du soleil, le thermomètre donna + 10°, et le lendemain 22. Lorsque les premiers rayons de cet astre perçaient l'horizon, il marquait + 8°. L'abaissement pendant la nuit n'avait donc été que de 2°, et néanmoins nous avions eu extrêmement froid.

Malgré ce qu'en ont écrit plusieurs voyageurs, et les récits des habitans de la contrée eux-mêmes, il n'existe point de neiges perpétuelles sur le petit Atlas, et il ne peut point y en exister, puisque la cime la plus élevée de cette chaîne n'atteint que 1,650 mètres au dessus du niveau de la mer, et que la limite des neiges perpétuelles, dans le centre de l'Europe, est à 2,700 mètres. La neige commence à tomber sur les montagnes du petit Atlas dans les premiers jours de décembre; elle met ensuite vingt ou vingt-cinq jours à se fondre, après quoi il en tombe d'autre qui se fond aussi, et cela se continue ainsi jusque vers le 20 mars. Le mont Jurjura, plus élevé que le petit Atlas, et situé de l'autre côté de cette chaîne, à 25 lieues au Sud-Est d'Alger, conserve ses neiges plus long-temps qu'elle; mais cependant, le 23 mai 1831, elles avaient entièrement disparu.

Les orages sont beaucoup plus fréquens sur le petit Atlas que dans toute la contrée qui se trouve au Nord de cette chaîne : des nuages épais venaient souvent la couvrir, nous entendions gronder la foudre et nous la voyions éclater, lorsqu'il faisait à Alger le plus beau temps du monde. Dans l'expédition que nous fîmes avec le général Berthezène, du 6 au 12 mai 1831, nous côtoyâmes le pied du petit Atlas. Chaque soir, nous étions assaillis par un orage affreux accompagné de torrens de pluie, et il ne tomba pas une goutte d'eau depuis le milieu de la plaine jusqu'à la mer.

Médéya. Cette ville, située à 16,000 mètres au Sud de la crête du petit Atlas, occupe le sommet d'un monticule élevé de 1,000 mètres au dessus du niveau de la mer. Le 23 novembre 1830, j'ai vu le thermomètre s'y élever à 15°, et le 11 décembre suivant descendre à +5°. Les montagnes de l'Atlas étaient alors couvertes de neige. Les officiers français, qui sont restés à Médéya jusqu'au 1er janvier 1831, m'ont assuré avoir vu, dans les derniers jours de décembre, la terre couverte de quatre pouces de neige et, sur les mares et les ruisseaux, de la glace assez forte pour porter un homme. Le capitaine d'artillerie Souply, qui y était avec le général Berthezène, le 29 juin 1830, a vu le thermomètre placé à l'ombre s'élever à 28°. Les sources et les puits de cette ville m'ont donné une température moyenne de 14°. La végétation de la campagne environnante est tout à fait la même que celle du centre de la France.

ORAN.

Je n'ai habité Oran que pendant trente-six jours, depuis le 28 juin 1831 jusqu'au 2 août suivant. Dans ce laps de temps, j'ai observé presque tous les jours le thermomètre au lever du soleil, à deux heures du soir, et immédiatement après le coucher du soleil. Le matin, le thermomètre n'est descendu qu'une seule fois à 15°,50; à deux heures, il s'est constamment soutenu entre 22°,50 et 26°,50; il est monté un jour jusqu'à 28°. Après le coucher du soleil, le thermomètre a donné 20, 22 et 23°; l'abaissement de température pendant la nuit a été de 1 à 3°, et une seule fois de 6°,90.

Une demi-heure après le coucher du soleil, lorsque le ciel était pur, il tombait toujours à Oran une rosée si abondante, qu'il suffisait de rester dehors pendant une heure pour avoir ses habits traversés.

Le 9 juillet, à quatre heures du soir, je plongeai mon thermomètre jusqu'à un mètre au dessous de la surface de la mer, devant Oran, et il monta à 23°,50; un peu auparavant, placé dans le sable, sur la plage, à 0^m,3 de profondeur, il était monté à 32°. J'ai encore repris la température de l'eau de la mer les 16 et 22 juillet, à quatre heures du soir, et je l'ai trouvée de 23°,75 et de 27°,00.

Une bonne citerne, couverte et construite dans l'intérieur de la Nouvelle Kasba, à 90 mètres au dessus du niveau de la mer, m'a donné 17°,25 pour température moyenne. Au fort de Mers-el-Kebir, 6,000 mètres au Nord-Ouest d'Oran, la température moyenne de trois citernes a été de 18°,33. Ce résultat indiquerait que la température moyenne de Mers-el-Kebir surpasse celle d'Oran de 1°,08. Les circonstances locales viennent le confirmer : les citernes de Mers-el-Kebir ne sont qu'à 8 ou 10 mètres au dessus de la mer, et par conséquent de 80 mètres moins élevées que celle d'Oran ; le fort est abrité, à l'Ouest, par une haute montagne aride, qui réfléchit fortement les rayons du soleil, et cette montagne renferme des sources thermales.

En comparant jour par jour la température maximum d'Oran avec celle d'Alger, on la trouve presque constamment plus élevée dans cette dernière ville ; la différence va quelquefois jusqu'à 4° ; mais, d'après ce que l'on m'a dit, la chaleur est beaucoup plus constante à Oran qu'à

Alger ; il y pleut bien moins souvent et le froid ne s'y fait presque jamais sentir, même en hiver. Voilà pourquoi la température moyenne d'Oran est plus élevée que celle d'Alger : ainsi, la ligne isotherme qui passe par Alger s'infléchit vers le Nord, en allant de l'Est à l'Ouest.

Dans les trente-six jours que j'ai habité Oran, il a fait un très beau temps pendant vingt-cinq, cinq ont été pluvieux, et trois fois la pluie a été accompagnée d'orage ; mais cela n'a duré que quelques heures. Le brouillard, dont j'ai déjà parlé, a régné pendant les six autres jours.

Aiguille aimantée. En nous servant d'un côté de nos triangles, dont l'azimut avait été parfaitement déterminé au moyen du soleil levant, nous avons trouvé qu'au mois de septembre 1831 la déclinaison de l'aiguille aimantée était de 19°,80 à l'Ouest ou 22° centigrades. M. Bérard l'a trouvée, avec une boussole de Lenoir, de 20° exactement, ce qui donne 19°,90, pour la moyenne. Le plan de Boutin, fait en 1808, donne 19°, ce qui indiquerait que la déclinaison a augmenté de 0°,90, en vingt-trois ans. La déclinaison est donc actuellement à Alger beaucoup moins considérable qu'à Paris : en 1831, elle était de 22° 15' à l'observatoire royal de cette ville. M. Bérard a observé à Alger l'inclinaison de l'aiguille avec un instrument de Gambey, et il l'a trouvée, au mois de septembre 1831, de 58° 42′ 53″ 7. Le même observateur a trouvé au fort de Mers-el-Kebir, à Oran, 20° 9′, et sur la terrasse de l'hôpital de Bone, située à 95 lieues à l'Est d'Alger, 17° 39′ pour la déclinaison de l'aiguille aimantée : d'où il résulte que, sur la côte de Barbarie, cette déclinaison croît très rapidement en allant de l'Est à l'Ouest.

DE L'AIR.

L'air est extrêmement sain sur la côte de Barbarie : malgré l'incurie des habitans, qui laissent amasser des tas d'ordures autour des villes, qui les environnent de cimetières, et qui abandonnent sur le sol les corps de tous les animaux morts, il n'y règne point de maladies endémiques; ce n'est que sur quelques points assez avancés dans les terres (plaine de la Métidja) que des émanations marécageuses produisent des fièvres intermittentes dont nous parlerons à l'article des maladies. L'atmosphère est pure pendant la plus grande partie de l'année, les brouillards sont assez rares, et la légère brume, qui se montre presque toujours au lever du soleil, disparaît deux heures après. Quoique pendant toute la matinée une brise de mer, et dans l'après-midi une brise de terre, viennent chaque jour rafraichir le fond de l'air, celui qu'on respire est presque toujours chaud. Nous éprouvions une très grande jouissance à respirer de l'air frais pendant l'hiver, et les maux que nous causait le froid se trouvaient ainsi compensés ; cinq mois après mon retour en France, la sensation agréable que j'éprouvais en respirant de l'air frais n'était point encore effacée.

Quoique l'air soit chaud, il est toujours extrêmement humide (1), et cette humidité se dépose sur tous les corps : quand nous voulions avoir une paire de bottes bien sèche, nous étions obligés de l'exposer au soleil pendant une demi-heure et quelquefois plus. La vapeur d'eau répandue dans l'atmosphère tenait toujours en dissolution une petite quantité de sel marin. Ce sel marin augmente à tel point l'action de l'humidité sur

---

(1) Je n'avais point d'hygromètre avec moi ; ainsi, je n'ai pu mesurer la quantité d'humidité répandue dans l'air.

les métaux oxidables, que les armes et les instrumens en fer exposés à l'air se rouillent dans quelques heures : nos soldats avaient beaucoup de peine à tenir leurs fusils propres ; nos couteaux et nos canifs se rouillaient jusque dans la poche du pantalon.

Le phénomène dont j'ai parlé plus haut (p. 142) tendrait à prouver qu'il existe une certaine disposition des molécules de l'air, pour laquelle ce fluide jouit de la propriété de la double réfraction, absolument comme le spath d'Islande.

CHAPITRE VIII.

DE L'EAU.

La quantité d'eau contenue dans les rivières et les ruisseaux, de la portion de la Barbarie que j'ai visitée, n'est pas très considérable, et cette quantité diminue beaucoup pendant l'été : les rivières en conservent toujours, mais un grand nombre de ruisseaux et de lacs fort étendus (au Sud d'Oran) se dessèchent complétement. Quand après le mois de juin la surface du sol est desséchée, il reste dans l'intérieur de la terre des nappes ou des courans d'eau qui contribuent puissamment à entretenir la force de la végétation. Sur les bords de la mer et dans toutes les collines qui bordent au Nord la plaine de la Métidja, cette eau se rencontre à une petite profondeur : pendant notre séjour à Sydi-Efroudj (mois de juin 1830), on obtenait partout de l'eau en creusant, à 2 ou 3 mètres seulement; dans les puits qui se trouvent répandus en si grand nombre dans la campagne d'Alger, l'eau n'est souvent qu'à 2 et 3 mètres au dessous de la surface du sol; très peu de ces puits ont plus de 6 mètres de profondeur. Dans les vallées et sur les versans des collines et des montagnes, il existe beaucoup de sources qui pourraient peut-être devenir très abondantes au moyen de quelques travaux; les nombreux aquéducs qui amènent l'eau dans tous les quartiers d'Alger et les maisons de campagne des environs de cette ville prouvent fortement en faveur de cette opinion.

Dans la plaine de la Métidja, l'eau ne se trouve qu'à une certaine profondeur, et encore le plus grand nombre des puits se tarit-il pendant l'été; mais, je le répète ici, en sondant on obtiendrait probablement des eaux jaillissantes. Presque toutes les vallées du petit Atlas ont des sources qui ne tarissent jamais. Au delà de cette chaîne, dans les collines subatlantiques, l'eau se trouve aussi près de la surface du sol que dans celles du bord de la mer : les puits de Médéya ne sont pas plus profonds que ceux de la campagne d'Alger.

Je n'ai pas vu un seul puits à Oran ni dans les environs. L'eau des citernes et celle des ruisseaux suffisent à la consommation des habitans. Nous avons déjà fait observer qu'on pourrait établir des puits artésiens dans la grande plaine qui s'étend au Sud et à l'Est de cette ville; mais je crois qu'on ne parviendra jamais à se procurer de l'eau sur les plateaux des monts Rammra.

L'eau des sources, des puits, des ruisseaux et des rivières est généralement de bonne qualité; celle qui vient de l'intérieur de la terre est toujours fraîche en été; car sa température dépasse rarement 18° centigrades. Les eaux courantes et stagnantes sont toujours plus ou moins chaudes; j'ai vu leur température s'élever jusqu'à 27°. L'eau qui coule sur un fond vaseux a un goût de terre; celle des mares et des marais est quelquefois puante; dans plusieurs des puits de la Métidja elle a une odeur sulfureuse. L'eau que nous obtenions à Sydi-Efroudj, en creusant, était un peu saumâtre, et c'est à cette mauvaise qualité que j'attribue, en grande partie, les maladies qui accablèrent les troupes restées à la garde du camp retranché.

En Barbarie, les eaux douces nourrissent très peu d'animaux et de végétaux. Je parlerai de ceux que j'y ai trouvés lorsque je traiterai des différentes classes d'êtres organisés.

DE LA MER.

Sur la côte Nord de l'Afrique, la couleur de la mer est ordinairement bleue, comme dans toute la Méditerranée; l'eau en est limpide et jamais troublée par les torrens qui s'y précipitent, pendant la saison des pluies, à plus de 10 ou 15 mètres des rivages. A aucune époque de l'année, je n'ai vu la mer phosphorescente sur le littoral de la Barbarie, comme je l'ai vue plusieurs fois, pendant l'été, sur les côtes de la Manche. J'ai seulement remarqué quelquefois, dans le port d'Alger et les petites anses qui sont le long de la côte, une couleur jaune-orange que je crois être due à la réunion de zoophytes microscopiques. Les marées ne se font point sentir dans les ports de la régence où j'ai séjourné (Alger, Oran et Mers-el-Kebir), seulement l'action du vent élève le niveau d'une quantité proportionnelle à son intensité. Mais il existe beaucoup de courans sur toute la côte de Barbarie, indépendamment du grand courant général, qui vient du détroit de Gibraltar et se dirige vers l'Est. Ces courans se croisent dans toutes les directions, ce que l'on peut très bien observer par les traces qu'ils laissent souvent à la surface de l'eau. Beaucoup portent sur la côte, et sont extrêmement dangereux pour les navires qui se trouvent trop près de terre pendant un calme. Ces courans me paraissent devoir leur existence au grand mouvement général des eaux de la Méditerranée, de l'Ouest à l'Est, modifié par les formes des côtes et les aspérités du fond de la mer dans le voisinage.

Nos observations, continuées pendant treize mois, ont démontré que la mer de Barbarie n'est pas aussi dangereuse qu'on l'avait cru jusqu'à cette époque; mais le débarquement sur les plages n'est pas toujours possible, même quand la mer est calme, à cause de la forte houlle qui s'y fait souvent sentir; et avant de se hasarder à s'approcher de terre, les navires doivent toujours envoyer une embarcation pour reconnaître l'état des choses. Quand les vents du Nord, du Nord-Ouest et du Nord-Est soufflent avec une certaine force, la côte de Barbarie est toujours dangereuse, et les marins doivent s'en éloigner. La mer vient alors briser contre la côte avec un bruit épouvantable, et l'eau jetée contre les falaises s'élève beaucoup au dessus; je l'ai vue, par une tempête du Nord-Ouest, passer par dessus les fortifications du môle d'Alger, qui ont 15 et 20 mètres d'élévation au dessus du niveau de la Méditerranée.

L'eau, ainsi jetée le long de la côte, se réunit dans les cavités des rochers et dans les dépressions du sol, où, en s'évaporant, elle laisse une croûte de sel extrêmement blanc et d'une excellente qualité. L'ignorance et l'incurie des Maures et des Arabes sont si grandes, qu'ils aiment mieux acheter le sel fort cher dans les villes, que de ramasser celui qui se trouve ainsi répandu en abondance sur le bord de la mer. Dans les environs d'Alger, un homme pourrait facilement recueillir dix livres de sel par jour.

Près du cap Matifou, il y a un petit lac salé communiquant avec la mer au moyen d'un canal étroit et presqu'obstrué par les sables. Je regarde ce lac comme un ancien marais salant, creusé par les habitans de Rustonium, et abandonné depuis fort long-temps. Il existe, à ce que l'on m'a dit, des marais salans dans les environs de la ville d'Arzéo. C'est de là que provient tout le sel que les Arabes vendent au marché d'Oran. Nous en parlerons en traitant du commerce de cette ville.

Un officier qui est allé, long-temps après mon

départ d'Oran, sur les bords du lac situé au Sud-Est de cette ville, m'a dit que l'eau en était très saumâtre.

Les végétaux, les zoophytes et les animaux marins qui vivent sur la côte de Barbarie, sont peu différens de ceux que l'on trouve sur les côtes d'Espagne, de France et d'Italie, depuis le détroit de Gibraltar jusqu'à la mer Adriatique; ils ne paraissent pas être très nombreux : quand la mer est agitée, elle en rejette fort peu sur les bords. J'ai recueilli tous les végétaux, les zoophytes et les animaux marins que j'ai pu me procurer à Alger et à Oran. J'en parlerai avec détail dans un autre chapitre.

CHAPITRE IX.

VÉGÉTATION.

En décrivant les différens groupes de roches qui constituent le sol de la portion de la régence d'Alger que j'ai étudiée, j'ai dit quelle était leur influence sur la végétation; mais je n'ai point parlé des espèces de végétaux qui croissent dans cette contrée, je vais le faire maintenant en m'aidant des beaux travaux du professeur Desfontaines (1), et de ceux de plusieurs officiers de santé attachés à l'armée d'Afrique. Après avoir donné le tableau des principales espèces végétales qui croissent en Barbarie, je dirai quelles sont celles que les habitans cultivent dans

---

(1) *Flora atlantica*, etc. Paris, an VI de la république française.

les champs et dans leurs jardins, et comment ils le font; celles qu'ils négligent, et dont on pourrait tirer avantage, quelles sont les plantes de l'Europe qu'il serait possible de naturaliser dans ce pays, enfin, le parti que l'agriculture pourra tirer de la belle contrée que nous avons conquise, et dont les Romains avaient fait une colonie magnifique, qu'ils se plaisaient à nommer le grenier de l'Italie.

La végétation de la portion comprise entre la côte et la chaîne du petit Atlas est absolument la même que celle de tout le littoral de la Méditerranée (côtes d'Espagne, de Provence, d'Italie, de Syrie, etc.); on y trouve beaucoup d'arbres et de plantes de l'Europe tempérée, des environs de Paris mêmes; nos arbres à noyaux, les poiriers, les pommiers, les noyers, etc., croissent presque sans culture dans les jardins d'Alger, de Belida, d'el Colea, etc. Aux environs de la première ville seulement, nous avons trouvé soixante-dix espèces de plantes du centre de l'Europe. J'en cite quelques unes :

Fumaria officinalis. — Melilotus officinalis. — Mimosa farnesiana. — Sanguisorba officinalis. — Mespylus oxyacantha. — Scabiosa arvensis. — Senecio vulgaris. — Convolvulus arvensis. — Borago officinalis. — Solanum nigrum, Solanum dulcamara. — Lamium album. — Marrubium vulgare. — Mentha pulegium. — Anagallis arvensis. — Plantago coronopus, Plantago media. — Rumex acetosella. — Urtica urens. — Salix alba, Salix babylonica. — Panicum dactylon, etc.

Parmi les plantes de l'Europe méridionale, nous avons remarqué les espèces suivantes :

Chelidonium glaucum. — Iberis saxatilis. — Cakile maritima. — Rhamnus zizyphus. — Pistacia lentiscus. — Anagyris fœtida. — Ceratonia siliqua. — Amygdalus communis. — Punica granatum. — Cotyledon umbilicus. — Cactus opuntia. — Coriandrum sativum. — Scolymus hispanicus. — Erigeron viscosum, — Centaurea calcitrapa, Centaurea pullata. — Anthemis pyrethrum. — Arbutus unedo. — Olea europæa. — Nerium oleander. — Chlora sessilifolia. — Convolvulus althæoides. — Melissa calamentha. — Globularia alypum. — Plumbago europæa. — Plantago psyllium, Plantago maritima. — Salsola soda. — Daphne gnidium. — Ricinus communis. — Quercus ilex, Quercus suber. — Gladiolus communis. — Smilax aspera. — Asparagus albus. — Allium cepa,

Agave americana.—Arundo donax, etc., etc.

Je pourrais citer encore un très grand nombre d'espèces de plantes qui se trouvent aussi bien sur les côtes d'Espagne, de Provence, d'Italie, de Syrie, etc., que sur celle de Barbarie; mais en voilà assez, je pense, pour montrer la ressemblance de la végétation de ce pays avec celle de toute la partie du littoral de la Méditerranée, que les botanistes ont pu explorer jusqu'à présent. Avec toutes ces plantes, il y en a d'autres qui sont particulières à la Barbarie. J'en vais donner l'énumération, en les groupant toujours par familles naturelles. J'établis deux divisions : dans la première, se trouvent les plantes du terrain compris entre la mer et les montagnes du petit Atlas; la seconde renferme celles qui croissent dans l'intérieur de ces montagnes.

PREMIÈRE DIVISION.

Plantes des collines d'Alger à Colea, de la plaine de la Métidja et des environs d'Oran.

Condylocarpus muricatus. — Cleome arabica.— Cistus heterophyllus, Cistus arabicus. — Malva ægyptiaca. — Rhus coriaria.— Pistacia atlantica. — Genista tricuspidata. — Phaca bœtica. — Pyrus japonica. — Sanguisorba mauritanica. — Passiflora cærulea. — Sempervivum arboreum. — Ferula sulcata. — Laserpitium gummiferum.— Sium siculum. — Apium graveolens.—Cachrys tomentosa, Cachrys peucedanoides. —Zacintha verrucosa, Carduus giganteus.- Atrachylis gummifera.- Artemisia arborea.— Cynara carduncellus.— Erica arborea. - Lithospermum fruticosum.— Datura ferox.— Physalis somnifera.— Scrophularia auriculata. — Thymus numidicus. — Acanthus mollis.— Cyclamen alepense. — Mirabilis jalapa.—Achyrantes aspera, Achyrantes argentea. — Phytolaca decandra. — Rumex tingitanus. — Aristolochia bœtica, Aristolochia altissima.— Euphorbia maurita-

nica. — *Pinus alba.* — *Orchis longicornu.* — *Musa sapientium.* — *Iris florentina, Iris xiphium, Iris alata.* — *Smilax mauritanica.* — *Allium roseum, Allium triquetrum.* — *Ornithogalum arabicum.* — *Narcissus tazetta. Narcissus serotinus.* — *Scilla maritima.* — *Arundo donax, Arundo mauritanica,* etc.

DEUXIÈME DIVISION.

Plantes de l'Atlas.

La végétation du petit Atlas est très analogue à celle du midi de l'Europe. Les bois qui couvrent la plus grande partie de ces montagnes sont formés de *Chênes verts* et de *Liéges;* on n'y voit pas de *Sapins.* Les broussailles se composent de *Lentisques,* d'*Arbousiers,* de *Genêts épineux,* etc.; les *Cactus,* les *Agaves* et les *Orangers* croissent jusqu'à 600 mètres de hauteur sur le versant Nord, mais on n'en voit presque point sur le versant Sud. De ce côté, les *Figuiers* vivent cependant jusqu'à 1,400 mètres d'élévation.

Dans les collines au Sud du petit Atlas, dont la hauteur moyenne au dessus de la mer est de 1,000 mètres, nous n'avons plus trouvé de *Cac-*

tus, d'*Orangers* ni d'*Agaves*; quelques bouquets d'*Oliviers*, seulement, sont répandus çà et là.

Voici les plantes les plus remarquables, citées par M. Desfontaines, dans les montagnes du petit Atlas :

Papaver obtusifolium. — Cistus villosus, Cistus ladaniferus, Cistus arabicus.—Polygala oxycanoides, Polygala rosea.—Palinurus aculeatus.— Ebenus pinnata.—Spartium arboreum, Spartium album. — Bubon macedonicum.-Pimpinella lutea.-Rubia tinctorum. —Trachelium cœruleum.—Periplaca angustifolia.-Asperula calabrica.-Anchusa tinctoria. —Salvia algeriensis.—Phlomis biloba, Phlomis saucia.—Quercus suber, Quercus ilex, Quercus pseudo-suber, Quercus pseudo-coccifera, Quercus ballota. — Populus alba. — Thuya articulata. — Ephedra altissima. — Smilax mauritanica. — Hyacinthus serotinus.—Colchicum montanum. — Acrostichum lanuginosum.—Polypodium fragrans.—Bryum capillare, Bryum atlanticum.

Telles sont les espèces de plantes les plus remarquables qui se trouvent dans les montagnes du petit Atlas ; les autres sont les mêmes que celles de l'Europe, et cela devait être, puisque la température moyenne de ces montagnes diffère très peu de celle de nos contrées.

L'influence d'une température chaude sans être brûlante, jointe à celle du sol, donne à la végétation une très grande force, dans la portion de la Barbarie que nous avons conquise : j'y ai vu des tiges de panais de 0^m,03 de diamètre, qui s'élevaient jusqu'à trois mètres de hauteur ; des feuilles de mauve qui couvraient une assiette ordinaire, et dont les tiges étaient de grands arbrisseaux. Les figuiers de Barbarie (*raquette, cactus opuntia*) forment d'épaisses haies qui s'élèvent à quatre et cinq mètres au dessus du sol ; les haies d'agaves présentent un coup-d'œil réellement magnifique et imposant : ces longues feuilles vertes et pointues ressemblent à des palissades entrelacées les unes dans les autres, pour défendre l'approche d'un poste militaire ; du milieu des touffes, s'élève majestueusement une hampe garnie de fleurs jaunes, qui porte sa tête au dessus de celle de tous les autres arbres. Les oliviers sont aussi beaux que nos chênes d'Europe ; les orangers, les citronniers, le cèdent à peine, pour la taille, à quelques uns de nos plus beaux arbres fruitiers. Dès le mois de février, toutes les portions de terrain qui sont incultes et non garnies de broussailles se couvrent de graminées qui croissent avec une si grande rapidité, qu'au bout d'un mois on a beaucoup de peine à marcher dedans. Le 12 mai 1831, en traversant plusieurs terrains de ce genre, dans la plaine de la Métidja, l'herbe nous venait jusqu'au dessous des bras.

On conçoit facilement que, dans une contrée où la végétation est si active, toutes les plantes doivent y croître et s'y propager sans culture, même celles qui y ont été introduites des autres pays. C'est effectivement ce qui a lieu : nos plantes d'Europe, celles d'Afrique et même celles d'Amérique, qui ont probablement été apportées, croissent naturellement et atteignent des dimensions extraordinaires. Cette circonstance est extrêmement heureuse; car les Algériens, naturellement paresseux et insoucians, négligent tout à fait l'agriculture : dans l'intérieur de leurs jardins même, ils ne labourent pas la terre au pied des arbres fruitiers, et les herbes sauvages qui croissent dessous s'élèvent jusqu'au milieu de la hauteur du tronc (1).

---

(1) Il ne faut pas croire que ce soit notre présence en Afrique qui ait causé cette négligence : avant la prise

Des bords de la mer au pied de l'Atlas, les portions de terrain qui n'ont jamais été cultivées, et on pourrait bien dire les deux tiers de la surface du sol, sont couvertes de fortes broussailles dont la hauteur dépasse souvent celle d'un homme. Sur les collines du littoral, ces broussailles sont, en grande partie, composées de *Lentisques*, parmi lesquels on voit, en plus ou moins grande quantité, des touffes d'*Arbousiers*, d'*Oliviers*, de *Lauriers*, de *Dattiers nains*, de *Chênes verts*, et quelques buissons de *Myrtes* et d'*Épines*. Dans la plaine, les Lentisques et les Arbousiers sont beaucoup plus rares ; ils sont remplacés par une grande quantité de Genêts épineux qui s'élèvent à deux et trois mètres. Il n'y a presque jamais d'arbres au milieu de ces broussailles; ceux qu'on y rencontre, très rarement, sont de mauvais oliviers et quelques grands dattiers, qui couvrent toujours de leurs feuilles des tombeaux réunis autour d'un Marabout.

Les endroits marécageux, les lits des ruis-

---

d'Alger, presque tous les vergers que nous traversâmes étaient dans un pareil état.

seaux, ceux des rivières et même ceux des torrens, qui se trouvent à sec pendant la plus grande partie de l'année, sont remplis de *Lauriers-roses;* ces arbustes, en fleur pendant l'été, présentent le coup-d'œil le plus riant au milieu d'un pays sauvage. Dans la plaine et quelques parties des collines qui sont au Nord, il existe des forêts peu étendues, il est vrai, d'oliviers magnifiques; on en trouve sur les bords du Ouad-jer, de la Chiffa et du Mazafran. Ces forêts sont composées d'arbres aussi gros que nos chênes ordinaires; mais comme ils sont généralement d'une mauvaise venue, il n'y en a qu'un très petit nombre que l'on pourrait employer pour les constructions. Les forêts d'oliviers sont assez communes le long du versant Nord du petit Atlas. Les portions non cultivées de ces montagnes, et par conséquent la plus grande partie de leur surface, sont couvertes, jusqu'à la moitié de la hauteur, à peu près, de broussailles semblables à celles des collines d'Alger; ensuite viennent des forêts composées entièrement de *Chênes verts* et de *Liéges,* au milieu desquels on voit çà et là quelques *Pins.* Les arbres sont d'une fort mauvaise venue; il n'y en a pas un seul qui puisse servir pour les constructions navales. Les plus beaux arbres que j'aie vus, c'est après avoir passé le col de Tenia, à six cents mètres au Sud de ce point : c'étaient des liéges et des chênes verts de 0^m,6 à 1^m,2 de diamètre; mais ils étaient presque tous tordus et peu élevés. Les chênes de l'Atlas donnent des glands doux qui servent à la nourriture des Berberes, des Arabes et même des Maures.

Au Sud du petit Atlas, la force de la végétation est beaucoup moins grande qu'au Nord : on y remarque une vaste étendue de terrain aride; les broussailles sont loin d'être aussi épaisses et aussi élevées que celles de la plaine de la Métidja et des collines d'Alger; on n'y voit plus le *Dattier* ni l'*Arbousier*, mais toujours des *Lentisques*, des *Genêts*, des *Chênes verts* et des *Épines*, les *Lauriers-roses* ne décorent plus les cours des rivières et des ruisseaux, et les marais ne sont plus couverts que par des *Joncs* et des *Roseaux* que le sauvage Berbere emploie à la construction de sa chétive cabane.

Le *Dattier* est assez rare dans le pays que nous avons parcouru ; les naturels ne le cultivent point : ceux qu'on y voit sont sauvages et dispersés çà et là dans les plaines, sur les collines, au milieu des broussailles et des terrains incultes; il en existe aussi quelques uns dans les jardins. Les fruits que donne cet arbre sont tilleux et assez mauvais à manger; les bonnes dattes que l'on mange à Alger viennent du Sud. Le dattier est l'arbre des ruines et des tombeaux : on en remarque dans tous les cimetières, et presque toujours un auprès de chaque marabout; il est bien rare que les ruines un peu considérables ne soient pas annoncées par quelque dattier qui s'élève de leur intérieur.

Comme nous l'avons déjà dit, le dattier nain (*Palmier chamérops*) forme des touffes au milieu des broussailles et dans les lieux incultes, il s'élève rarement à plus de deux mètres de hauteur, il porte des fruits tilleux et dont le noyau est très gros; cependant les Arabes les mangent encore. Quand cet arbuste est jeune, le cœur en est extrêmement tendre, alors les Algériens le mangent cru et cuit; on en vend beaucoup dans les foires et les marchés.

Les champs cultivés, les murs des villes, les maisons isolées dans la campagne, les petits hameaux des Arabes, sont environnés de fortes haies de raquettes, dont les fruits servent à la nourriture des habitans; d'agaves, des feuilles desquels ils tirent une espèce de *Papyrus* et un fil aussi beau et aussi précieux que la soie, avec lequel ils font des tissus très estimés par eux. Les *Agaves* entrent en fleur au mois de mai ; auparavant, on voit les hampes croître avec une si grande vitesse, qu'on pourrait presque suivre de l'œil les progrès qu'elles font. Les fleurs des *Raquettes* sont plus précoces ; elles commencent à se montrer dans les premiers jours d'avril, et ensuite les fleurs et les fruits se succèdent pendant tout l'été. Les premiers fruits mûrissent à la mi-juin, et on en cueille encore au mois de novembre. Ces fruits forment une grande partie de la nourriture des Maures et des Arabes pendant quatre mois de l'année.

Les *Orangers amers* et les *Citronniers* sont sauvages ; ils croissent dans les vallées des environs d'Alger et sur les flancs des montagnes. Ces arbres sont très beaux ; on les voit presque toujours couverts de fleurs et de fruits, et on peut les reconnaître, sans les voir, à l'odeur agréable qu'ils répandent tout autour d'eux. Les Algériens distillent la fleur et en font de l'eau excellente.

Le *Grenadier* croît en grande quantité dans toute la Barbarie ; on le trouve sur les montagnes, dans les vallées et au milieu des plaines.

Mêlé avec l'olivier, les raquettes et les roseaux, il forme des haies tout à fait impénétrables. Au mois d'avril, il commence à se couvrir de fleurs, dont la belle couleur rouge, qui tranche sur un fond vert sombre, frappe l'œil à une grande distance. Les fruits succèdent aux fleurs, et au mois d'août on mange des grenades parfaitement mûres; elles sont en si grande abondance dans les environs d'Alger, que nous en avions jusqu'à six pour un sou.

Le *Myrte* à larges feuilles croît dans les haies et dans les broussailles; il fleurit au mois d'avril et porte ensuite une baie que l'on mange quand elle est noire, quoiqu'elle soit un peu amère.

L'*Arbousier*, si commun dans nos provinces méridionales et dont les fruits ont une grande analogie avec la fraise, se trouve aussi en abondance sur la côte de Barbarie : les Algériens mangent des arbouses avec délice. Presque pendant toute l'année ces arbrisseaux portent des fleurs et des fruits; mais de novembre en mars, les fruits ne viennent pas en maturité.

La *Vigne* est très cultivée dans la régence d'Alger; mais elle se trouve aussi à l'état sauvage dans les haies, dans les bois et même dans les broussailles. Les raisins qu'elle porte alors sont beaucoup plus petits et moins beaux que ceux du terrain cultivé; cependant ils sont encore très gros et d'un goût fort agréable. J'ai souvent cueilli dans les haies d'Alger des raisins meilleurs et plus gros que ceux de beaucoup de nos vignobles français. Les raisins sauvages sont noirs et blancs.

L'*Olivier* est extrêmement commun au Nord du petit Atlas; il forme des forêts; on le trouve dans les haies, dans les broussailles et au milieu des champs ; mais nulle part, je n'ai vu l'olivier cultivé comme en Provence : c'est probablement la cause pour laquelle ses fruits sont si petits, quoique les arbres soient magnifiques. On m'a dit que dans l'Atlas les Berberes le cultivaient, et cela est confirmé par la grande quantité d'huile et de grosses olives confites qu'ils apportent à Alger. Le bois de l'olivier brûle parfaitement, quoique vert : tous nos maux étaient oubliés quand, après de grandes fatigues, nous venions bivouaquer au milieu d'une forêt d'oliviers.

Le *Peuplier d'Italie* croît très bien dans les collines et dans les plaines. Cet arbre a été importé depuis peu en Afrique; car on n'en rencontre que quelques uns dans l'intérieur des propriétés particulières, et sur le bord des chemins.

Dans la portion de la route d'Alger à Belida qui traverse la bande de collines, il existe deux cafés charmans, ombragés par des *Trembles* de toute beauté et des *Saules-pleureurs* magnifiques. Sur le penchant des collines, au pied desquelles gisent ces cafés, s'élèvent cinq ou six *Pins*, de la plus belle venue, et dont les dernières branches s'étalent à la manière de celles du cèdre.

Quoiqu'on trouve des pins dans le Nord de l'Afrique, les autres arbres des pays froids y manquent cependant : ainsi je n'y ai jamais vu de *Chênes* (quercus robur), d'*Ormes*, de *Charmes*, de *Bouleaux*, de *Hêtres*, etc. Dans les champs incultes, et même au milieu de certaines broussailles, il croît une grande quantité de petits *Rosiers* assez semblables à ceux du Bengale, qui se couvrent, pendant l'été, de fleurs dont le parfum réjouit l'odorat en guidant les pas de la jeune Arabe qui les recherche pour orner son sein.

Voilà, à peu près, tous les arbres qui croissent sans culture dans la partie de la régence d'Alger que j'ai visitée. Le figuier ordinaire et le jujubier croissent aussi de la même manière, mais ils sont presque toujours cultivés;

c'est pourquoi je remets à en parler au chapitre suivant. Je vais maintenant dire quelques mots sur les principales plantes.

Les *Cardons*, le *Céleri*, le *Persil*, plusieurs espèces d'*Asperges*, de *Carottes*, de *Panais*, etc., que nous cultivons avec beaucoup de soin dans nos jardins de France, viennent naturellement dans les environs d'Alger. Au bord de presque tous les ruisseaux, on trouve des pieds de céleri, des asperges dans toutes les haies et même dans les broussailles. Les cardons croissent en très grande quantité au pied des collines, dans la partie Nord de la plaine de la Métidja, et particulièrement sur les deux rives du Mazafran.

L'*Absinthe*, qui est très commune sur le versant Nord du mont Bou-Zaria, sur les collines, dans les haies, sur les premiers contre-forts du petit Atlas, forme un bel arbrisseau de deux mètres d'élévation. Cette plante répand une odeur extrêmement forte; on pourrait la distiller avec beaucoup d'avantage.

La *Lavande* se trouve aussi dans les terrains pierreux et dans les broussailles ; mais elle est assez rare : il en est de même du *Serpolet*.

Le *Fenouil*, les *Carottes*, et quelques autres

ombellifères, prennent des dimensions gigantesques sur la côte d'Afrique.

Les *Malvacées* croissent en très grande abondance autour d'Alger, dans les nombreux cimetières qui environnent cette ville, en général dans le voisinage de constructions à chaux et à sable, et particulièrement des ruines. Nous avons déjà dit combien ces plantes prennent de développement en feuilles et en tiges.

Les *Chardons* sont peu nombreux, quoiqu'il y ait beaucoup de terrains incultes sur la côte de Barbarie; je ne me rappelle pas en avoir vu dans la plaine de Métidja.

L'*Achante* est très commune dans les haies; elle pousse avec une force extraordinaire : ses feuilles magnifiques sont bien propres à frapper l'imagination des artistes, et en les voyant on conçoit parfaitement que les Grecs les aient fait entrer dans la composition de leur plus bel ordre d'architecture (le corinthien).

Les pâturages de la plaine de la Métidja présentent les mêmes espèces de graminées que ceux de l'Europe. On y trouve aussi plusieurs plantes bulbeuses, *Orchis*, *Narcisses*, *Tulipes*, etc., mais surtout une immense quantité d'*Oignons de scille* (*scilla maritima*); cette plante croît aussi dans les broussailles des collines, mais elle est beaucoup moins commune que dans la plaine. Au mois d'août, on voit les hampes de scille, qui s'élèvent jusqu'à 1^{m},5o et même de deux mètres, se garnir de belles fleurs blanches. Au milieu des broussailles, ces hampes fleuries ressemblent à des Bedouins couverts de leurs bernous blancs : il nous est souvent arrivé, en les voyant à une certaine distance, de les prendre pour des ennemis qui venaient nous attaquer.

Le *Henné* (*lawsonia inermis*), que les femmes maures et arabes emploient pour se teindre les ongles, le dedans des mains et le dessous des pieds, croît certainement dans l'Atlas ou au pied de ces montagnes ; car les Berberes en apportent beaucoup à Alger ; mais je n'ai jamais vu cette plante vivante.

Les *Cryptogames*, si j'en juge d'après ce que j'ai vu, sont rares sur le territoire de la régence : il n'y a presque point de *Mousses* et très peu de *Lichens* ; les *Fougères* paraissent être refoulées dans les montagnes ; au milieu des forêts du petit Atlas, j'ai trouvé la même fougère que dans nos bois du centre de la France.

Les *Champignons* sont très rares aussi ; cela provient peut-être de la grande chaleur de l'été.

Une seule espèce de cette famille m'a frappé, c'est celle que l'on mange à Paris (*Agaricus campestris*). Je l'ai trouvée en assez grande quantité, pendant les mois de septembre et d'octobre, dans les vergers incultes du mont Bou-Zaria et les broussailles des collines depuis Alger jusqu'à el Colea. J'ai mangé de ces champignons; ils sont tout aussi agréables que ceux de France et point du tout malfaisans.

Les eaux douces, que nous avons déjà dit contenir très peu d'animaux, sont presque dépourvues de plantes : j'y ai cependant recueilli des *Chara* et des *Conferves* qui paraissent identiques avec ceux de nos marais et de nos ruisseaux.

Les *plantes marines* sont les mêmes que celles des côtes d'Espagne, de Provence et d'Italie. On y trouve vingt espèces de *Fucus*, quatre espèces du genre *Ulva*, huit espèces de *Conferves*, etc. La végétation marine est loin d'être aussi vigoureuse que celle de la terre : les dimensions des végétaux marins de la côte d'Afrique, depuis le cap Matifou jusqu'au cap Falcon, à l'Ouest d'Oran, m'ont semblé beaucoup moins grandes que sur les côtes de Provence. Cette différence pourrait bien être le résultat de l'influence des courans et des vents du Nord, qui agitent plus les eaux sur la côte de Barbarie que sur celles de France.

PLANTES ET ARBRES CULTIVÉS.

Après avoir fait connaître les principaux végétaux qui croissent naturellement dans la contrée que je décris, il faut dire quels sont ceux que les habitans cultivent dans les champs et dans les jardins, comment ils le font, et quels avantages ils retirent de cette culture. Je parlerai d'abord des arbres, qui sont les mêmes que ceux de l'Europe méridionale, et ensuite des principales espèces de plantes.

On trouve dans les jardins d'Alger, d'el Colea, de Belida, d'Oran, de Médéya, etc., presque tous nos arbres fruitiers du centre de la France : *Pommiers, Poiriers, Pruniers, Abricotiers, Cerisiers*, etc.; mais ces arbres ne sont pas greffés, et étant fort mal cultivés et bien souvent pas du tout, ils donnent des fruits très inférieurs à ceux de nos contrées, tant pour la qualité que pour la grosseur ; les abricots surtout sont malfaisans, ils donnent la fièvre et la dysenterie. Les Européens qui venaient au mois de juin en Barbarie, n'étant pas prévenus, mangeaient des abricots en quantité, et beaucoup mouraient de la dysenterie : c'est pourquoi les Algériens ont nommé ce fruit *Matza-franca* ou *boucher des Francs*. Les pommes et les poires sont sèches et dures à manger; on en fait deux récoltes : l'une en mars et l'autre en octobre. Les pêches que l'on récolte dans les mois de juillet et d'août mûrissent très difficilement; elles sont presque toujours pierreuses. La vue ni le goût de ces fruits ne sauraient rappeler ceux de la Bourgogne et des environs de Paris. Les cerises sont petites et peu agréables à manger; elles sont assez rares et coûtent fort cher à Alger.

Le *Noyer* croît très bien en Barbarie, et surtout dans le petit Atlas. Ses fruits sont bons, mais très petits; les habitans ne s'en servent pas pour faire de l'huile.

Les deux variétés de *Figuiers* de la Provence (le blanc et le noir) se trouvent dans les vergers depuis Alger jusque sur le versant Sud de l'Atlas. Dans les premiers jours de mars, les figues se montrent avec les feuilles, et au mois de juin on en a déjà de bonnes à manger. Les figuiers portent une très grande quantité de fruits; mais le peu de soin que l'on en prend, joint à l'ardeur dévorante du soleil, fait que les trois quarts se dessèchent sur les arbres et ne mûrissent pas. Dans l'Atlas, où la chaleur est moins grande et les arbres beaucoup mieux soignés qu'à Alger, les figues viennent bien en maturité, et sont aussi bonnes que celles de la Provence. Les Berberes en apportent beaucoup au marché d'Alger.

Le *Jujubier* est extrêmement commun sur toute la côte de Barbarie, il vient sans culture; mais c'est dans les vergers qu'on le trouve plus spécialement. Cet arbre ne s'élève guère qu'à 4 ou 5 mètres : c'est un des plus précoces et un des premiers aussi qui perd ses feuilles. Celles-ci commencent à reparaître dans le mois de mars, et même à la fin de février; les fleurs leur succèdent peu de jours après qu'elles sont développées, et au mois de juin les jujubes sont bonnes à manger. On les cueille alors, et on les porte au marché dans de grands paniers : je ne sais pas si les Algériens font sécher les jujubes, mais ils en mangent beaucoup de fraîches.

Le *Caroubier* vit dans les champs et dans les vergers; il acquiert des dimensions extraordinaires; celui qui est près du marabout de Sydi *Abderrahman*, à la porte de Bab-el-Ouad, est un des plus beaux arbres que j'aie jamais vus. Le caroubier conserve toujours ses feuilles dans les environs d'Alger; il porte beaucoup d'excellens caroubes, que les Maures et les Arabes mangent avec grand plaisir.

Les vergers et les jardins renferment beaucoup d'*Amandiers*. Ces arbres fleurissent au mois de février, et on cueille les amandes vertes dans les premiers jours d'avril. A cette époque, on en apporte une grande quantité au marché d'Alger.

Nous avons déjà parlé des grenadiers et des orangers amers, qui croissent dans les champs comme dans les jardins; mais les *Orangers doux*, les *Citronniers* de plusieurs espèces, *Limons, Cédrats, Bergamotes, Citrons, Citrons doux*, etc., sont cultivés dans les jardins. Aux environs d'Alger, cette culture était très négligée ; ce n'était guère que dans les jardins des grands seigneurs, et dans ceux des consuls européens, que l'on trouvait toutes ces espèces d'arbres en plein rapport; les Maures et les Turcs de la classe moyenne sont trop paresseux pour s'en occuper. Cependant on recueille encore quelques oranges et beaucoup de citrons dans les vergers d'Alger. Parmi ceux-ci, je citerai la bergamote et un citron doux (*lime douce des Italiens*), de forme elliptique et très gros, qui n'a qu'une petite portion de chair, et dont l'enveloppe est aussi bonne à manger qu'une pomme de reinette. Il n'y a pas des citrons à Alger pendant toute l'année; nous avons souvent été obligés d'avoir recours à ceux d'Espagne et de France.

C'est dans la plaine de la Métidja, et surtout au pied du petit Atlas, que les orangers sont cultivés en très grande quantité et avec un soin qui ne laisse rien à désirer. Dans plusieurs des fermes de cette plaine (*Haouch* en arabe), nous avons trouvé de superbes vergers d'orangers; mais aucune de ces plantations ne peut être comparée à celles qui entourent la ville de Belida, et dont nous avons déjà parlé (1) en décrivant les combats qui ont ensanglanté cette malheureuse cité. Les jardins d'orangers s'étendent à 1,000 mètres de Belida, au Nord, au Sud et à l'Est; ils sont clos de murs en pisé. Les arbres sont très bien soignés; la terre est piochée; à leur pied, et autour de chacun, se trouve un petit bassin creusé, communiquant par une échancrure avec un petit canal, qui passe entre deux lignes d'arbres, et qui, à certaines époques,

---

(1) *Relation de la guerre d'Afrique*.

amène dans les bassins l'eau d'un ruisseau, que l'on détourne tout exprès pour arroser les orangers pendant l'été. Au moyen de toutes ces précautions, les arbres croissent avec une grande rapidité et deviennent très forts au bout de quelques années : ceux de Belida ne le cèdent, pour la taille, à aucun des arbres de nos jardins d'Europe. Ici, les orangers doux ne portent qu'une fois par an ; ils fleurissent au mois de juin ; et au 15 novembre, lorsque nous vînmes attaquer Belida, ils étaient couverts de fruits qui, se détachant en jaune sur un fond vert foncé, présentaient, au milieu du fracas et des horreurs de la guerre, le coup-d'œil le plus riant que l'on puisse imaginer. Nous étions, à Belida, un corps d'armée de huit mille hommes, dont chacun mangea ou détruisit au moins cinquante oranges ; ce qui fait un total de quatre cent mille. Eh bien ! à notre départ, cela ne s'apercevait pas sur les arbres, et un mois après, en revenant de Médéya avec le général Boyer, les habitans de Belida vinrent nous vendre des oranges et nous en donnaient six pour un sou. Les oranges de Belida sont aussi grosses et aussi bonnes que celles de Majorque. Les Arabes et les Maures les conduisent à Alger, où ils en donnent jusqu'à quatre pour un sou ; mais vers la fin de la saison, au mois de février, elles coûtent un sou la pièce et quelquefois deux.

Le *Mûrier* vient parfaitement en Barbarie ; les Maures et les Arabes le cultivent, dans leurs jardins et leurs vergers, pour ses fruits seulement (c'est le mûrier rouge) ; ils sont trop paresseux pour élever des vers à soie.

La *Vigne* est bien certainement la plante que tous les habitans de la régence d'Alger, Maures, Arabes, Berberes, etc., cultivent davantage : dans tous les jardins, il y a des treilles parfaitement tenues ; on en voit beaucoup aussi dans les cours carrées qui se trouvent au centre de toutes les maisons mauresques. Au Nord et au Sud du petit Atlas, les habitans cultivent la vigne en plain champ ; les pièces de vignes sont entourées de haies ; on taille le bois comme en France, on le couche pour faire des provins ; on pioche le sol au moins deux fois pendant l'été et on visite les ceps de temps en temps. Les Algériens ne se servent point d'échalas ; la vigne s'élève naturellement ou rampe sur la terre.

Le raisin est le meilleur fruit que l'on puisse manger en Barbarie ; la récolte en est toujours très abondante. L'espèce la plus commune et la plus estimée est un *Chasselas* qui ne me paraît pas différer de celui de Fontainebleau, tant pour le goût que pour l'aspect. C'est cette espèce qui est particulièrement cultivée dans les montagnes du petit Atlas ; les Berberes en apportent une grande quantité à Alger. Il y en a une seconde très semblable, mais dont la grume est plus grosse et un peu moins bonne. On voit aussi plusieurs espèces de raisins noirs et gris à petits grains : ceux des treilles sont des *Chasselas*, des *Malagas* d'une grosseur prodigieuse, des *Muscats*, et un gros raisin rouge assez semblable au *Malaga*, mais qui ne vient presque jamais en maturité.

La vigne commence à pousser à la fin de mars; elle est en fleurs dans les premiers jours de juin, et au mois de juillet on a des raisins en abondance ; le 3o juin 1831, nous avons mangé à Oran des raisins délicieux. Cette plante croît en Barbarie avec une force étonnante : dans les champs, on trouve des ceps plus gros que le bras; les treilles des jardins sont composées de pieds de vigne de toute beauté.

A Oran, dans la cour Nord de la nouvelle Kasba, j'ai vu un pied de vigne, planté à côté d'une fontaine, il est vrai, dont le diamètre était de 0^m,23 ou 8 pouces 6 lignes; les branches formaient une treille qui couvrait un espace de quinze mètres de long sur huit de large ou de 120 mètres carrés. J'ai compté sur cette treille mille raisins, dont chacun pesait plus de deux livres. C'est une des plus belles choses que j'aie vues depuis que je voyage (1).

Quoiqu'on ait écrit dans plusieurs ouvrages qu'avant le ravage que firent les sauterelles en 1794, les vins d'Alger étaient aussi estimés que ceux de l'Hermitage, je puis dire que ce n'est pas pour faire du vin que les Algériens cultivent la vigne; c'est pour manger les raisins, ou faire des confitures et une espèce de vin cuit très épais. Les Berberes font beaucoup de raisins secs, qu'ils viennent vendre à Alger pendant l'hiver; ce sont les meilleurs de tous ceux qui se vendent au marché de cette ville.

Cependant, lorsque nous eûmes pris Médéya nous y trouvâmes du vin fait par les habitans, et

---

(1) Si quelqu'un doute de la véracité de ce fait, qu'il consulte tous les officiers du 21ᵉ régiment de ligne, qui l'ont observé comme moi.

qu'ils nous vendirent un *Rabia-boudjou* (neuf sous) le litre : c'était du vin blanc assez agréable à boire ; il était conservé, sur sa lie, dans de grandes jarres en terre cuite. C'est chez les Juifs que nous en trouvâmes en plus grande quantité.

La culture de la vigne est certainement une des meilleures entreprises que l'on puisse faire dans la nouvelle colonie que nous voulons former : avec de la persévérance, on pourrait obtenir à Alger toutes les qualités de vin que l'on a en Espagne.

Le *Bananier* (*Musa sapientium*) est cultivé dans quelques uns des jardins d'Alger et d'Oran; il vient très bien et porte des fruits que l'on peut manger. Cet arbre n'est point indigène de Barbarie ; il y a été probablement apporté d'Amérique.

On trouve dans les jardins d'Alger presque tous les arbres d'agrément que nous avons en France ; les *Catalpas,* les *Arbres de Judée,* les *Hortensias,* les *Acacias,* etc.; on y voit souvent des allées de *Cyprès,* et quelques uns de ces arbres isolés s'élèvent à une grande hauteur.

Les jardins des gens riches sont parfaitement décorés et tenus avec soin ; on y cultive beaucoup de fleurs, qui sont mêlées sans aucun ordre les unes avec les autres. Pendant l'été, la diversité de couleur et de forme de toutes ces fleurs flatte l'œil; mais celles qui passent ne pouvant pas être facilement remplacées, leurs tiges desséchées contrastent désagréablement au milieu des plates-bandes. Les fleurs que l'on cultive à Alger sont les mêmes que celles de la Provence et de presque toute la France.

Les jardins potagers sont loin de présenter cette variété de légumes que l'on remarque dans ceux de l'Europe. Quand nous arrivâmes à Alger, au mois de juin, époque à laquelle la végétation est en pleine activité, nous ne trouvâmes d'autres légumes que des *Oignons*, des *Concombres*, des *Citrouilles*, des *Poivres longs* et des *Tomates* : c'est à cela, à très peu près, que se bornent les légumes de la Barbarie; cependant, au mois de novembre, nous trouvâmes dans les jardins de Médéya une très grande quantité de fort bons choux cabus; mais nulle part je n'ai vu des *Carottes*, des *Raves*, des *Salsifis*, etc. : ces excellentes racines paraissent être inconnues aux Algériens. Dans les champs, ces peuples cultivent les *Pois*, les *Lentilles*, les *Fèves* et les *Garbançós* (*Cicer arietinum*), espèce de pois-chiche. Ces légumes prospèrent très bien, et composent une très grande partie de la nourriture des pauvres et des gens de la campagne.

On cultive beaucoup les *Melons* et les *Citrouilles* dans toute la Barbarie. Les Arabes et les Berberes en mangent en quantité. Les melons musqués et les pastèques sont extrêmement communs : on les cultive dans les montagnes de l'Atlas aussi bien que dans la plaine et aux environs d'Alger. Ils sont d'un grand secours à tous les habitans de la contrée, contre les chaleurs de l'été. Après les *Pastèques*, l'espèce de melon la plus commune est absolument la même que celle que l'on voit ordinairement en France; les melons ne sont pas plus gros, mais ils sont bien meilleurs que dans notre patrie.

Les pommes de terre sont cultivées dans la régence d'Alger, mais elles n'y viennent pas bien; celles que j'ai vues n'étaient pas plus grosses qu'un œuf de pigeon. Nous avons trouvé des champs de pommes de terre dans les environs d'Alger : elles étaient bonnes à manger au mois de juin. En arrivant à Belida, au 15 novembre, nous en trouvâmes dans le même état où elles sont en France au mois de juillet; on en arracha une grande partie, et on recueillit ainsi de petites pommes de terre, grosses comme des noix, et fort bonnes à manger. Ces pommes de terre avaient été plantées dans les premiers jours d'août : ceci prouve qu'on peut en obtenir deux récoltes par an. Voilà à très peu près quels sont les légumes cultivés dans les jardins d'Alger ; mais, avec un peu de travail, on pourrait y faire croître tous ceux de la France : en les semant au mois de février, époque où la terre est encore très humide, on en obtiendrait une récolte abondante dans le courant du mois de juin, et par les arrosemens artificiels on pourrait s'en procurer toute l'année. C'est du reste ce qu'ont pleinement confirmé les essais faits au jardin d'Hassan-Bacha, par deux officiers français. Je passe maintenant aux céréales.

On trouve bien quelques champs cultivés dans les environs d'Alger ; mais c'est surtout dans la plaine de la Métidja, sur les versans des deux chaînes qui la bordent, au Sud de l'Atlas, dans les environs de Médéya et dans les plaines de la province d'Oran que l'on sème le plus de céréales. Le froment de Barbarie est le *Triticum durum;* c'est une espèce dont la tige est pleine, l'épi barbu et le grain corné peu farineux. Les Arabes le nomment *Jennah-nessr*. Il y a aussi du seigle assez semblable au nôtre, que l'on sème dans les terrains humides, où il croît fort bien. On ne connaît qu'une espèce d'orge (*Hordeum vulgare*), qui se sème au commencement de l'hiver, dans le mois de janvier, et qu'on récolte à la mi-juin.

Les Arabes et les Berberes commencent à semer le froment vers la fin d'octobre, et la semaille dure souvent jusque fort avant dans le mois de décembre. Les moissons se font à la fin de juin et dans les premiers jours de juillet, non seulement sur toute la côte, mais encore au Sud des montagnes du petit Atlas.

Les Maures, les Arabes et les Berberes ne connaissent point l'avoine ; c'est de l'orge qu'ils donnent à leurs chevaux pour la remplacer. Quoique je ne traite point des arts dans ce chapitre, je dirai cependant comment se font les semailles dans la Barbarie.

La *Charrue* dont les Arabes se servent n'a point de roues : c'est la même que celle d'Espagne et de Provence; mais elle est bien plus grossièrement faite que dans ces deux parties de l'Europe : les morceaux de bois qui la composent sont à peine écorcés, et bien souvent le soc, formé d'un bois très dur, ne porte point de fer. Au lieu d'une oreille pour retourner la terre, c'est une simple cheville traversant le montant qui fixe le soc à l'arbre ; à l'extrémité de celui-ci se trouve un palonnier très long, auquel sont attachés, à côté et à une grande distance l'un de l'autre, deux bœufs, ou un bœuf et un âne, une vache et un âne, etc., mais rarement des chevaux. Un homme tient la queue de la charrue et un autre conduit les bœufs. Avec cet équipage, ils écorchent la surface du sol si peu régulièrement, qu'en regardant un champ nouvellement labouré on dirait qu'il a été fouillé par un troupeau de cochons.

Les Arabes passent rarement deux fois la charrue dans les champs qu'ils veulent ensemencer. Ils n'y portent jamais de fumier; quelquefois, seulement, ils coupent l'herbe et les broussailles dont ils font de petits tas, qu'ils laissent sécher pendant quelques jours; ils y mettent ensuite le feu, et répandent les cendres sur la surface du champ. Quand ils veulent défricher une portion de terrain, ils y mettent le feu vers la fin de l'été, et un peu plus tard ils y passent la charrue sans se donner la peine d'extraire les racines ni les souches à demi brûlées qui saillent encore de plusieurs pouces au dessus du sol. Après avoir labouré un champ, ils y jettent le grain par dessus, passent ensuite une mauvaise herse en bois ou un fagot d'épines, que traîne un âne ou un bœuf, et ils l'abandonnent après jusqu'au moment de la récolte. Une grande partie du grain enfoui de cette manière, couverte par les mottes, les souches et les pierres, ne peut pas sortir de terre et se trouve perdue. De là vient que les blés sont beaux, mais toujours extrêmement clairs, et ainsi le sol ne rend pas la moitié de ce qu'il pourrait rendre s'il était bien travaillé. On prétend cependant que l'orge et le froment rendent jusqu'à douze pour un dans les bonnes années, et huit dans les années médiocres. Je parlerai ailleurs de l'agriculture avec beaucoup de détails, et je dirai comment se fait la récolte des céréales et la manière de les conserver.

Je n'ai pas vu que le *Maïs* fût beaucoup cultivé dans le pays que je décris. On en trouve quelques pieds dans les champs de pommes de terre, dans les vignes, etc. ; le long des allées de leurs jardins potagers, les Maures et les Arabes plantent du maïs de l'Inde, dont ils cueillent la penouille verte pour mettre dans les ragoûts qu'ils font.

Les Arabes sèment beaucoup, pour engraisser

leurs volailles, une espèce de millet blanc qu'ils nomment *drak* ; ils l'émondent aussi sous la pierre, et le font cuire comme du riz.

Le *Riz* est très cultivé dans la province d'Oran, particulièrement dans la portion de la Métidja, située à l'Ouest du Ouad-Jer, et dans les autres plaines qui se trouvent sur la route d'Alger à Oran. Au milieu de ces plaines coulent de petits ruisseaux, dont on se sert pour arroser les rizières; je ne sais pas quand on sème le riz ni quand on le récolte : il paraît qu'on en recueille aussi une très grande quantité dans les environs de Constantine.

Les *Prairies* naturelles et artificielles sont tout à fait inconnues dans la Barbarie; les habitans de ce pays font paître leurs bestiaux dans toutes les saisons de l'année. Quant aux chevaux, dont ils font infiniment plus de cas que les autres animaux, ils leur donnent en outre de la paille brisée et de l'orge, mais jamais de foin. Cependant, comme je l'ai déjà dit, il n'y a rien de plus facile que de récolter du foin dans la régence d'Alger : au printemps, les terrains incultes se couvrent d'herbes excellentes qui s'élèvent à plus d'un mètre de hauteur. En juin 1831, nous en fimes faucher une très grande quantité, et nous obtînmes ainsi d'excellent foin que nos chevaux et nos mulets mangeaient parfaitement.

Pour avoir du foin dans ces contrées, il n'y a rien autre chose à faire que d'enclore le terrain, afin d'empêcher les troupeaux de venir y paître, et en fauchant dans les premiers jours de juin on obtiendrait deux récoltes. Il y a, dans la plaine de la Métidja, des pâturages fort étendus sans broussailles, et dont on pourrait faire d'excellentes prairies.

Ce que je viens d'exposer sur les différentes espèces de végétaux qui croissent naturellement et par la culture dans la portion de la régence d'Alger que j'ai pu visiter prouve, il me semble, que cette contrée est une des plus fertiles que nous connaissions. Si l'agriculture y était, lors de notre arrivée, dans un si grand état de dépérissement; si plus de la moitié de la surface du sol était couverte de broussailles, on doit l'attribuer à la paresse des habitans, et au despotisme sanguinaire sous lequel ils vivaient. Mais aujourd'hui qu'une grande nation a jeté les premiers fondemens de colonisation dans cette belle contrée, espérons que l'agriculture va y fleurir, et que nous verrons renaître pour l'Afrique les beaux jours des Lucullus, des Caton, etc.

Je ne sais pas si le *café*, le *sucre*, l'*indigo*, le *coton*, etc., pourront être cultivés sur la côte d'Alger; mais sans ces plantes il y en a beaucoup d'autres dont on pourrait retirer de grands avantages.

Des hivers rigoureux ont presque détruit tous les oliviers de la Provence, et nous manquerons peut-être bientôt d'huile d'olives en France. Eh bien! en Afrique on aurait des plantations d'oliviers qui ne craindraient pas la gelée, et qui fourniraient des récoltes abondantes. Quand on serait obligé de donner l'huile à 1 franc le kilogramme, il y aurait encore du bénéfice à en faire.

Les mûriers, cultivés comme ils le sont dans nos provinces méridionales, permettraient d'élever une grande quantité de vers à soie, et d'obtenir ainsi la soie à bien meilleur marché que nous ne l'avons maintenant.

Beaucoup de fruits, que l'on tire de l'Espagne et du Portugal, nous seraient donnés par l'Afrique. Si on ne peut pas y naturaliser la canne à sucre, qu'on y plante des betteraves, on en aura de fort belles et en très grande quantité. Elles seront amenées en France, ou bien on établira des sucreries dans nos villes d'Afrique.

Le coton et l'indigo y viendront certainement;

il suffira de chercher les expositions convenables pour les placer, et les accidens du sol montueux compris entre la mer et la grande plaine de la Métidja ne manqueront pas d'en offrir en foule. On pourrait peut-être, en suivant cette méthode, cultiver avec succès, dans les environs d'Alger, plusieurs plantes de l'Amérique et des Indes orientales, dont les graines et les fruits sont l'objet d'un grand commerce; mais quoi que l'on fasse, je ne pense pas qu'on parvienne jamais à naturaliser le café; cet arbuste demande un climat plus chaud et moins humide que celui de la côte de Barbarie.

Je termine ici ce qui a rapport au règne végétal, et j'engage les cultivateurs qui sont allés s'établir dans nos possessions de la côte Nord de l'Afrique à faire beaucoup d'essais, mais en petit, afin de ne pas épuiser leurs capitaux, dont ils doivent d'abord employer la plus grande partie à des entreprises d'un succès certain, comme les plantations d'oliviers, de mûriers; la culture de la vigne, du froment, des betteraves, etc.

CHAPITRE X.

ANIMAUX.

Fidèle à la méthode que j'ai suivie depuis le commencement de cet ouvrage, et que je crois que tout le monde doit suivre, de procéder du simple au composé, nous commencerons l'histoire des animaux qui vivent dans la régence d'Alger, par les plus simples, les *Polypiers,* dont quelques uns forment le passage entre le règne végétal et le règne animal; nous nous élèverons ensuite graduellement dans l'échelle des êtres, et nous arriverons ainsi à l'homme, dont il existe sept groupes ou variétés différentes dans la partie de la régence d'Alger que j'ai visitée. Je donnerai les caractères principaux de chacune de ces variétés, et je décrirai leurs mœurs et leurs habitudes, avant de parler des villes, des hameaux et des *douars,* où elles se trouvent réunies plusieurs ensemble.

ZOOPHYTES.

Malgré toutes mes recherches, je n'ai pu découvrir aucun individu de cette classe du règne animal dans les eaux douces de Barbarie; mais la mer m'en a offert plusieurs espèces qui, du reste, sont les mêmes que celles qui vivent sur les côtes de France et d'Italie. Les voici classées par ordre de famille.

Polypes, *Actinia equina* (Lin.), *A. viridis*, et deux autres individus en mauvais état qu'on n'a pas pu déterminer.

Acalephes *medusa* et *velella*, deux genres dont les individus sont arrivés en trop mauvais état pour qu'on ait pu déterminer les espèces.

Coraux, *Cariophyllea fastigiata*, *C. ramea*, *C. cespitosa*, *C. fasciculata* (Esper.) —*Gorgonea verrucosa*,—*Retepora cellulosa*, *Retepora reticulata*. Le corail rouge est très commun sur la côte Nord de l'Afrique : les Français, les Italiens et les Espagnols vont le pêcher, depuis longues années, dans la partie orientale depuis Bone jusqu'à la Calle. Tout le monde sait que nous avions, dans ce dernier port, des établissemens sous la protection d'un fort pour la pêche du corail. Pendant que j'étais en Afrique, on envoyait encore des bâtimens de guerre dans ces parages pour protéger les équipages corailleurs. De mars en juillet 1831, des Espagnols et des Corses sont venus pêcher le corail dans la rade d'Oran : j'y ai vu, dans le mois de juillet, jusqu'à douze bâtimens corailleurs à la fois ; ils m'ont dit être parfaitement satisfaits de leur pêche. Le corail d'Oran est d'une excellente qualité, et les morceaux sont magnifiques. Il y a certainement beaucoup d'autres points de la côte sur lesquels on pourrait pêcher le corail; je crois que l'on en trouverait une assez grande quantité dans la baie d'Alger, ainsi que dans les parages des caps Caxine et Matifou.

Éponges. La mer rejette beaucoup d'éponges sur la côte depuis la pointe de Sydi-Efroudj jusqu'au cap Matifou, dont quelques unes sont assez belles, et peuvent servir pour la toilette. J'en ai recueilli un très grand nombre, qui ne forment cependant que quatre espèces :

Spongia lactuca, Esper.; *communis,* Id.; *fasciculata,* Id.; *lacinulosa,* Id.

J'ai aussi recueilli une espèce du genre *Eschara,* et le *Millepora truncata.*

Échinodermes. On voit, sur tous les rochers

qui sont à une petite profondeur le long des côtes, une très grande quantité d'Oursins (*Echinus esculentus*, Lin.) que l'on mange en certaines saisons de la même manière qu'en Provence. On trouve aussi, mais en moins grande abondance, un autre *echinus* plus gros.

Les *Astéries* sont peu communes à Alger. J'en ai trouvé trois espèces, *Asterias aurantiaca* (Lin.), et deux autres que leur mauvais état de conservation n'a pas permis de déterminer; deux à Oran, *Asterias glacialis* et *Asterias variolata* (Lam.).

Parmi les *Ophiures*, je citerai l'*Ophiura texturata* de Lamark, qui est extrêmement commun à Alger, et tout aussi bon à manger qu'en Provence.

Je n'ai recueilli que deux espèces du genre *Holothuria*, *H. impatiens* (Lin.), et *H. fusus*, Muller.

MOLLUSQUES.

Céphalopodes. Je n'ai pu obtenir des pêcheurs de poissons que deux espèces de cette famille de mollusques, celles qu'ils vendent au marché, *Loligo media*, Cuv., et *Sepia officinalis* (Lin.). Il en existe encore probablement plusieurs autres; mais il m'a été impossible de m'en procurer davantage, et j'engage les naturalistes qui sont maintenant à Alger à s'en occuper plus spécialement que je n'ai pu le faire.

Testacés. Toutes les coquilles que j'ai rapportées des côtes de la Barbarie ont été étudiées par M. Michaud, lieutenant au 10ᵉ régiment de ligne. Ce savant en a dressé un catalogue très complet, qui vient d'être publié dans les *Mémoires de la Société d'Histoire naturelle de Strasbourg*, et auquel j'emprunte tout ce qui suit sur ces animaux.

Coquilles marines. Les espèces qui vivent sur la côte de Barbarie diffèrent peu ou point de celles que l'on rencontre sur les autres parties du littoral de la Méditerranée : M. Michaud ne cite qu'une *Cythérée*, une *Avicule*, voisine de l'*Avicula tarentina*, et une *Cérite*, voisine du *Cerithium vulgatum*, qui présentent des caractères nouveaux ; mais il ne les croit pas assez importans pour autoriser à faire des espèces nouvelles. Il décrit avec beaucoup de détail le *Trochus rarelineatus*, qui est assez commun sur la côte d'Alger, comme une espèce encore très peu connue.

On a vu (Chapitre III) que, parmi les coquilles

fossiles du terrain tertiaire subatlantique, les univalves étaient beaucoup moins nombreuses que les bivalves; il en est tout à fait de même pour les coquilles vivantes, ce qui établit une analogie remarquable entre la mer actuelle et celle dans laquelle les couches tertiaires se sont déposées.

Coquilles d'eau douce. Je n'ai point vu de mollusques dans les ruisseaux et les rivières du territoire d'Alger, quoique j'en aie souvent cherché; ce n'est que dans le ruisseau qui traverse Oran que j'ai trouvé, en très grande abondance, le *Melanopsides buccinoidea*, accompagné de quelques individus seulement du *planorbis marmoratus*, et du *Physa contorta*. Ce dernier est une variété plus petite que l'espèce qui se trouve dans les Pyrénées et en Sicile; sa couleur est plus rembrunie, et son péristome est toujours bordé de blanc.

Coquilles terrestres. Les coquilles terrestres sont extrêmement nombreuses dans la régence, sur toute la surface du pays que nous avons parcouru. Elles sont à peu près les mêmes partout, dans les plaines, sur les collines du littoral, et dans les montagnes du petit Atlas. Pendant le cours de mes observations, j'avais souvent eu occa-

sion de remarquer que ces mollusques atteignent, en Afrique, un bien plus grand développement qu'en France, et M. Michaud confirme entièrement cette remarque. « En examinant les coquilles
» d'Alger, j'ai acquis une nouvelle preuve, dit-il,
» que les mollusques des contrées méridionales
» atteignent un bien plus grand développement
» que ceux des climats tempérés ou septentrio-
» naux. Il semble que, quoique délicats, ces
» animaux ont été créés pour les pays chauds ;
» car ce n'est que là qu'ils acquièrent tout l'ac-
» croissement dont ils sont susceptibles ; c'est
» encore là que les genres, les espèces et les
» variétés sont les plus multipliés. »

Tous les mollusques terrestres que j'ai recueillis dans la Barbarie appartiennent aux genres *Helix, Bulimus, Achatina* et *Cyclostoma*. Le genre Hélix est beaucoup plus nombreux que les autres ; j'en ai recueilli dix-huit espèces : *Helix aspersa, H. lactea, H. naticoides, H. cespitum, H. soluta, H. candidissima, H. hieroglyphicula, H. alabastrites, H. pisana, H. variabilis, H. Terverii, H. cariosula, H. vermiculata, H. carthusiana, H. pyramidata, H. Rozeti, H. albella, H. lenticula*. Parmi ces espèces, quatre ont paru nouvelles à M. Michaud, ce sont : *H. hieroglyphicula, H. alabastrites, H. cariosula* et *H. Rozeti.*

La première paraît être une espèce bien distincte; le nom qu'on lui a donné est tiré des taches variées de sa robe. Elle a un peu la forme de l'*Helix nemoralis*, mais elle est plus solide et moins élevée; elle en diffère surtout par les dessins, qui se répètent toujours d'une manière analogue sur tous les individus de son espèce.

La seconde ressemble un peu à l'*Helix hortensis ;* cependant elle en diffère par son ouverture, le peu d'élévation de sa spire, sa couleur, et quelques autres caractères.

La troisième forme le passage entre l'*Helix candidissima* et l'*Helix cariosa.*

Enfin la quatrième est une coquille en forme de troque, convexe en dessous, ayant la spire un peu élevée, blanchâtre, fasciée ou maculée de diverses manières par une couleur plus ou moins foncée; elle présente un ombilic étroit, six tours de spire presque plats, dont le dernier est fortement caréné; l'ouverture est comprimée, le péristome simple et tranchant, et le sommet obtus.

Le *Bulimus decollatus* se trouve partout; il est très abondant dans les environs d'Alger et d'Oran, où il fait beaucoup de dégâts dans les jardins pendant l'été. Ce bulime est bien plus gros qu'en France ; mais le *Bulimus radiatus* de Barbarie est plus petit que celui de nos contrées méridionales. Le *Bulimus pupa,* que jusqu'à présent on n'avait rencontré qu'en Sicile et en Morée, est assez commun sur la côte de Barbarie. Le *Bulimus acutus,* qui est très abondant sur nos côtes méridionales, se trouve aussi en grande quantité dans les environs d'Alger : les pierres funéraires en sont souvent couvertes.

Je n'ai recueilli que deux espèces du genre *Achatina, A. Poireti,* qui vit aussi en Italie, à Zante et dans la Morée, et *A. Folliculus,* dont il existe deux variétés en Afrique : l'une, la plus grosse, qui est exactement semblable à celle que M. Michaud a découverte dans les environs de Montpellier, et l'autre, très jolie, qui est plus allongée.

Ce savant n'a reconnu que deux espèces parmi les cyclostomes que j'ai envoyés au Musée de Strasbourg : *Cyclostoma ferrugineum,* variété brune et moins allongée que celle décrite par Lamarck, et une espèce nouvelle dédiée à M. Voltz, *Cyclostoma voltzianum,* voisine des *Cyclostoma elegans* et *ferruginea,* dont elle diffère cependant par sa longueur, la moindre profondeur de sa suture et par son treillis, mais surtout par son opercule, qui ne ressemble à aucun de ceux des autres espèces de ce genre.

Voilà toutes les coquilles terrestres que j'ai recueillies dans la portion de la Barbarie que nous avons parcourue. S'il en existe d'autres, ce sont des espèces rares et très peu nombreuses, car partout où je suis allé, j'ai toujours rapporté toutes les coquilles que j'ai trouvées. Je doute que ceux qui iront en Barbarie après moi fassent de grandes découvertes dans cette partie de l'histoire naturelle.

POISSONS.

Je fais deux divisions dans les poissons : *marins et d'eau douce.*

Poissons marins. La côte de Barbarie, depuis Alger jusqu'à Oran, est très poissonneuse; les pêcheurs maures et espagnols que j'ai vus sur cette côte faisaient de bonnes affaires. Dans mes deux traversées d'Alger à Oran et d'Oran à Alger, j'ai souvent vu le bâtiment entouré d'une grande quantité de *Bonites*, de *Thons* et de *Marsouins*. Ces derniers ne suivaient pas le bâtiment comme les autres ; mais il en passait souvent des troupes à une certaine distance : nous avons aussi vu plusieurs *poissons volans* sortir de la mer et faire dans l'air un trajet de plusieurs centaines de mètres sans toucher l'eau. On rencontre aussi des *Requins* et des *Marteaux*, que l'on reconnaît, à une grande distance, par leur nageoire dorsale qui sort de beaucoup au dessus de l'eau quand ils viennent près de la surface. Les *Phoques* sont encore assez communs dans ces parages ; j'en ai vu plusieurs fois venir se promener sans crainte à une demi-portée de fusil des falaises. Dans la baie d'Oran, où la mer est très peu profonde, les vagues jettent souvent sur le sable des phoques à une si grande distance, qu'ils ne peuvent plus fuir et se laissent prendre en jetant cependant des cris affreux. Les soldats du 21^c régiment de ligne en ont pris plusieurs pendant leur séjour dans cette ville.

Je me suis procuré auprès des pêcheurs et j'ai recueilli moi-même un assez grand nombre d'espèces de poissons marins des côtes d'Alger. Ces espèces n'ont point présenté de différence avec celles que l'on a trouvées dans les autres parties de la Méditerranée. Je cite cependant les principales :

15.

Serranus *scriba*, Lin. — *cabrilla*, Cuv. — *gigas*, Cuv.

Uranoscopus *scaber*, Lin.

Splyræna *vulgaris*, Cuv.

Trigla *hirundo*, Bloch.

Scorpæna *serosa*, Lin. Variété marbrée de brun.

— S. *porcus*, Lin.

Umbrina *cirrhosa*, Cuv.

Dascillus, Cuv. Sargus *annularis*, Cuv.

Pagrus *pagrus*, Riss. Dentex *macropthalmus*, Cuv.

Boops *salpa*, Cuv. Smaris *vulgaris*, Cuv.

Lichia *glaucus*, Temnodon *saltator*, Cuv.

Gobius *capito*, Cuv.; Gobius *cruentus*, Gm.

Julis *mediterranea*, Riss. — J. *mediterranea*, variété sans bande orangée.

Crenilabrus *varius*, Riss. — C. *mediterraneus*, Id.

Clupea *sardina*, Cuv.

Encraulis *vulgaris*, Cuv. Pleuronectes.

Syngnathus *pyrolis*, Riss.

Scyllium *canicula*, Cuv., etc.

Il y a encore plusieurs espèces de grands poissons que je n'ai pas rapportées, parce qu'elles sont trop difficiles à conserver.

POISSONS D'EAU DOUCE.

Les rivières et les lacs d'eau douce de la Barbarie paraissent être peu poissonneux, et les espèces qui y vivent peu variées ; il est vrai que n'occupant qu'une très petite étendue de pays, nous n'avons pas pu les explorer bien loin dans l'intérieur des terres; mais j'avais payé des Arabes pour pêcher sur des points où nous ne pouvions pas aller; ils m'ont toujours rapporté les mêmes espèces et en très petite quantité. Voici quelles sont ces espèces :

Dans les environs d'Alger. MUGIL *cephalus*, qui vit aussi dans la mer, et qui a été pêché non loin de l'embouchure de l'Arrach.

BARBUS *vulgaris*, Cuv. M. Agassis croit que ce n'est pas le véritable *Barbus vulgaris*, mais une espèce nouvelle.

MURÆNA *anguilla*, Lin. M. *Helena id.*

Dans les environs d'Oran. BARBUS *vulgaris?* Beaucoup plus commun qu'à Alger.

MURÆNA *conger*, pris près de l'embouchure du ruisseau d'Oran, dans la mer. Ce sont là toutes les espèces de poissons d'eau douce que j'ai pu me procurer. Ces eaux nourrissent encore des batraciens, des reptiles et des crustacés, dont nous allons parler.

BATRACIENS.

R ana *esculenta*. Lin. Variété noire.

R. *temporaria*, Lin. et deux autres espèces que M. Duvernoy regarde comme nouvelles, mais qu'il n'a point encore décrites.

Tous les *Crapauds* que j'ai rapportés sont très gros, verdâtres, avec des taches brunes. M. Duvernoy pense qu'ils forment deux espèces nouvelles ou tout au moins deux variétés d'une même espèce qui paraît exister également au Cap de Bonne-Espérance, mais qu'on n'a point encore trouvée ailleurs.

REPTILES.

Il existe dans les mares des environs d'Alger, en très grande abondance, une petite couleuvre grise, qui est voisine des espèces *Coluber meridionalis* et *C. girondicus*.

Les serpens de terre sont peu nombreux dans le pays que nous décrivons. On n'y trouve plus ces grands serpens dont parlent les auteurs latins; les plus grands que j'aie vus sont des couleuvres qui ont au plus un mètre de long, et qui habitent dans les trous de murs, et les roseaux qui forment les toits des cabanes des Berbères et des Arabes.

Les espèces que j'ai rapportées sont les suivantes : COLUBER *natrix*, Lin., variété à deux bandes longitudinales rousses.

COLUBER *monspessulanus*, Lin.

COLUBER *hippocrepis*, Lin., et VIPERA *daboia*, Lacép.

Les *Émydes* sont extrêmement communes dans les mares et les ruisseaux dont le cours est peu rapide, des environs d'Alger et d'Oran : c'est une espèce regardée jusqu'à présent comme nouvelle par MM. Isidore Geoffroy-Saint-Hilaire et Duvernoy, et qui sera décrite par ce dernier. Ces tortues sortent de l'eau pendant la plus grande chaleur du jour et viennent se promener sur le rivage. On les voit aussi très souvent à la surface, sortant la tête pour respirer et plongeant au moindre bruit. J'ai quelquefois aperçu la mère, suivie de plusieurs petits, nager à la surface de l'eau. Leur nourriture doit peu différer de celle des autres espèces d'émydes; mais je les ai vues manger les cadavres des chevaux morts tombés dans les ruisseaux qu'elles habitent. J'en ai compté plus de vingt se repaissant sur le même cheval, et qui se sont précipitées dans l'eau aussitôt qu'elles m'ont aperçu.

Les tortues de terre sont extrêmement nombreuses dans tout le pays compris entre la chaîne du petit Atlas et la mer; la plaine de la Métidja et celles des environs d'Oran en sont remplies ; mais je ne me rappelle pas en avoir vu une seule dans les environs de Médéya, la seule portion de terrain que j'aie pu explorer au delà des montagnes. Toutes ces tortues appartiennent à une même espèce, *Testudo græca*, qui existe aussi en Morée et sur plusieurs autres points du littoral de la Méditerranée. Les tortues terrestres d'Alger pondent une grande quantité d'œufs, que l'on trouve sur le sol dans les endroits qu'elles habitent, et que l'on mange, quoiqu'ils soient extrêmement secs: la chair de ces animaux ressemble assez à celle du poulet, nos soldats en mangeaient beaucoup; les Arabes et les Maures n'en font aucun cas.

SAURIENS.

Il n'y a point de grands sauriens fluviatiles dans toute la portion de la Barbarie que j'ai visitée; mais les sauriens terrestres y sont extrêmement nombreux, surtout les genres *Lacerta*, *Chamæleo* et *Platidactylus*; j'en ai rapporté un assez grand nombre d'individus, parmi lesquels M. Duvernoy a reconnu les espèces suivantes :

LACERTA *algyra*, Lin.

LACERTA *viridissima*, WAGLER, et une troisième espèce voisine de celle-ci, mais qui en diffère cependant un peu.

PLATIDACTYLUS *fascicularis*, Cuv.

TILIQUA, *oullata*, Gray.

CHAMÆLEO *vulgaris*, Latr. Cette dernière espèce est extrêmement commune aux environs d'Alger et d'Oran; elle habite dans les haies et les broussailles. On rencontre à chaque pas des chaméléons immobiles sur les branches des arbres et des buissons, faisant rouler leurs yeux dans tous les sens pour découvrir les insectes qu'ils attrapent avec leur longue langue, sans bouger de place, à plus de 0^m,3 de distance. Ces animaux sont très faciles à apprivoiser; j'ai vu plusieurs soldats qui leur avaient appris à venir manger dans la main.

CRUSTACÉS.

Les crustacés marins sont aussi nombreux dans les parages d'Alger que sur les côtes de Provence, et les espèces sont les mêmes, du moins d'après ce que j'en ai vu. Je n'ai point rapporté celles que vendaient les pêcheurs, parce qu'à la simple vue je les ai reconnues pour être identiques avec celles que l'on mange à Marseille et dans tous nos ports de la Méditerranée. Celles que j'ai pu recueillir moi-même, dans les trous des rochers et sur le sable, sont : GRAPSUS *varius*, Latr.; PAGURUS *striatus*, Id.; PALÆMON *serratus*.

On trouve dans les fontaines et les ruisseaux, même jusque sur l'Atlas, à douze cents mètres au dessus du niveau de la mer, le THELPHUSA *fluviatile*, Latr.; mais je n'ai point rencontré d'autres espèces de crustacés dans les eaux douces de la Barbarie; je n'ai point vu non plus de *Crabes* terrestres.

INSECTES.

Comme dans tous les pays chauds, les insectes sont extrêmement nombreux en Barbarie. Durant l'été, nous étions mangés par les mouches pendant le jour, et par les puces, les punaises et les moustiques pendant la nuit. On ne se fait pas d'idée de la quantité de puces qui existent dans les environs d'Alger : ce n'était rien que nos chambres en fussent remplies, et que nous en fussions dévorés quand nous y étions; nous en trouvions des masses jusqu'au milieu de la plaine de la Métidja, dans des endroits qui n'avaient jamais été habités. Au mois de mai 1831, nous vinmes camper, avec une colonne de quatre mille hommes, dans la portion de la plaine située sur la rive droite de l'Arrach, et fort loin des habitations; là nous fûmes dévorés par les puces pendant toute la nuit, et le lendemain nous avions le corps si bien couvert de piqûres qu'il était tout rouge. Ces puces sont petites et très maigres; j'ai souvent vu des hommes qui en étaient entièrement couverts. A Alger, quoique je fisse tenir ma chambre aussi proprement que possible, il m'est arrivé d'en tuer, sur mes jambes, jusqu'à trois cents dans une matinée. Nos soldats redoutaient plus les puces que les Bedouins : beaucoup sont tombés malades pour ne pouvoir pas dormir, parce qu'ils étaient trop tourmentés par ces insectes.

Les *Punaises* et les *Moustiques* sont aussi très

nombreuses, mais beaucoup moins que les puces, et elles ne nous incommodaient pas autant. On pouvait détruire les punaises, et se garantir des moustiques avec des *Moustiquaires;* mais il n'y avait rien à faire contre ces épouvantables puces.

Pendant que nous marchions contre Alger, les mouches remplissaient nos tentes et nous incommodaient beaucoup; mais dans les maisons on pouvait s'en débarrasser. A Oran, tous les insectes malfaisans sont beaucoup moins nombreux qu'à Alger.

Dans les montagnes de l'Atlas, la plaine de la Métidja, et dans les collines du littoral, il y a beaucoup de *Mouches à miel* qui habitent dans les creux des rochers et les troncs des arbres. Les Arabes les cherchent et les détruisent pour avoir le miel et la cire; ils en élèvent aussi autour de leurs habitations.

Les *Scorpions* sont beaucoup moins nombreux en Afrique qu'en Provence; c'est absolument la même espèce que dans nos contrées; mais je n'ai jamais entendu dire qu'ils fissent de mal.

J'ai vu, dans la régence, plusieurs espèces de *Sauterelles,* dont quelques unes sont grosses comme le doigt, et que les habitans mangent après les avoir fait frire dans l'huile; mais ce n'est qu'accidentellement, et assez rarement, que l'on voit, comme en Égypte et en Syrie, des nuées de ces animaux venir fondre sur une contrée, et la dévaster presqu'entièrement, malgré tout ce que l'on peut faire pour les en empêcher. En 1723 et 1724, des nuées de sauterelles vinrent ravager les environs d'Alger, et firent, particulièrement, beaucoup de mal aux vignes.

J'ai rapporté beaucoup d'insectes de Barbarie parmi lesquels il se trouve quelques espèces nouvelles appartenant aux genres *Forficula, Truxalis et Padisma*, qui seront décrites dans les *Mémoires de la Société d'Histoire naturelle de Strasbourg*. J'ai aussi trouvé, dans les environs d'Alger, le BLATTA *kakerlac,* Degéer, et le *Criquet* de passage, *Acrydium migratorium,* Latr.

Dans le petit Atlas, j'ai ramassé tous les insectes que j'ai trouvés, car je savais qu'on avait très peu de notions sur ceux qui vivent dans ces montagnes. Comme je les mettais dans un flacon avec de l'esprit de vin, que j'ai porté pendant fort long-temps dans ma poche et à cheval, plusieurs ont été abîmés au point que M. Audouin, qui a bien voulu prendre la peine de les examiner, n'a pas pu reconnaître positivement l'espèce. Voici le résultat de son examen :

COLEOPTERES : *Ditomus*, espèce nouvelle? *Harpale, Cistela ruficollis?* BOROS *elongatus.* ATEUCHUS *semi-punctatus?* A. *sacer*, MELAE *scabiosus*, LAMPYRIS *Zenkerii*, BLAPS *gigas?* AKIS, PIMELIA, MELOLONTHA, BUPESTIS, ORTHOPTERES : *Acrydium Truxale*, EMPUSE.

OISEAUX.

Les oiseaux sont assez nombreux dans le pays que nous décrivons. On trouve sur les bords de la mer une grande quantité de *Goëlands*, d'*Hirondelles de mer*, de *Bécasseaux* et des *Huîtriers*, qui sont les mêmes que ceux des côtes d'Espagne et de Provence. Les *Pigeons bisets* habitent le long des falaises, dans les trous des rochers, depuis Alger jusqu'au cap Falcon, au Nord-Ouest d'Oran. Cette espèce est la même qui peuple nos colombiers de France (*Columbia livia*, Briss.) : elle se propage beaucoup, et d'autant plus facilement que les Algériens ont pour elle une certaine vénération ; ils ne mangent jamais de pigeons.

Presque tous les oiseaux de la Provence se

trouvent dans les collines qui bornent au Nord la plaine de la Métidja. J'y ai vu le *Rossignol des murailles*, la grande *Mésange charbonnière*, le *Guêpier d'Europe* (*Merops apiaster*, Lin.), la *Perdrix rouge de Barbarie* (*Perdix gambra*, Perdix *rubra Barbarica*, Briss.), la *Glaréole à collier* (*Glareola torquata*); plusieurs espèces de *Fauvettes*, de *Verdiers*, des *Passereaux*, des *Merles*, des *Grives*, des *Piès-Grièches*, des *Corneilles;* mais pas une seule *Pie* ordinaire, non plus que dans toutes les autres contrées que j'ai visitées.

La plaine de la Métidja nourrit un grand nombre d'oiseaux aquatiques : *Courlis, Pluviers dorés, Vanneaux, Bécassines, Poules d'eau, Canards* de plusieurs espèces, le *Canard siffleur huppé*, etc., *Cigognes, Hérons*, etc. Il y a surtout une jolie petite espèce de *Héron blanc* (*Garzette* ?), que l'on voit suivre les troupeaux par bandes, depuis le mois d'octobre jusqu'au mois de mars, et dont je n'ai jamais pu me procurer un seul individu. J'ai vu plusieurs courlis verts (*Scolopax falcinellus*, Lin.), dont je n'ai pu obtenir qu'un individu en assez mauvais état.

Tous ces oiseaux nichent sur le bord des rivières et dans les marais. Depuis le mois de novembre jusqu'à la fin de l'hiver, ils sont si nombreux dans la plaine, qu'on ne peut, pour ainsi dire, faire un pas sans en rencontrer des troupes. Les Arabes leur tendent des piéges et en prennent quelques uns ; mais ils ne les chassent point à coups de fusil. La première fois que nous entrâmes dans la Métidja, ils étaient si peu sauvages qu'ils restaient tranquillement, à vingt pas de la route, pendant que notre armée défilait ; mais ils le devinrent un peu plus quand les officiers leur eurent envoyé quelques coups de fusil.

On trouve aussi dans la plaine de la Métidja beaucoup de perdrix rouges (*Perdix gambra*), dont les Arabes prennent une grande quantité, et voici comment : quand ils ont découvert la remise des perdrix, ils étendent un grand filet sur un buisson le plus rapproché possible de l'endroit où elles sont, et qui est isolé des autres ; ensuite ils décrivent, en marchant, un grand cercle autour, qu'ils rétrécissent continuellement jusqu'à ce que les perdrix se soient réfugiées sous le filet : alors, ils les font lever en jetant de grands cris et frappant sur le buisson ; elles partent avec précipitation et plusieurs restent embarrassées dans le filet. Cette manière de chasser réussit parfaitement : j'ai vu, à Oran, un Arabe qui avait pris quarante perdrix dans une matinée.

En revenant de Médéya avec le général Achard, au mois de novembre 1830, nous trouvâmes une grande quantité de perdrix rouges perchées sur les oliviers qui sont au pied du petit Atlas, occupées à manger les olives qui étaient alors très mûres.

Une autre gallinacée, qui est encore assez commune dans les plaines de Barbarie, c'est la petite *Outarde* (*Otis tetrax*, Lin.), une variété à jambes plus grêles et plus élevées que la petite outarde ordinaire, ayant la partie antérieure du ventre colorée comme la poitrine et des raies transversales noires sur les couvertures des ailes.

Les *Étourneaux* sont aussi extrêmement communs dans cette contrée ; ils s'y rendent en si grande quantité depuis le mois de novembre jusqu'au mois de mars, que des endroits en sont réellement infestés. Leurs bandes, volant dans toutes les directions, ressemblent de loin à des nuages orageux qui se meuvent avec une grande rapidité. Je pense que ces oiseaux, qui abandonnent l'Europe pendant l'hiver, vont se réfugier sur les côtes de Barbarie.

Les *Hirondelles* ni les *Cailles* ne passent l'hiver au Nord du petit Atlas ; elles viennent à la mi-mars et partent vers la fin d'octobre. Il reste bien quelques cailles pendant l'hiver ; mais ce sont des paresseuses.

Je n'ai point eu occasion d'étudier les oiseaux qui habitent les montagnes du petit Atlas; cependant je les crois peu différens de ceux que l'on trouve à leur pied dans la plaine. Toutes les fois que je suis entré dans ces montagnes, j'ai toujours vu beaucoup de *Vautours* (*Vultur fulvus*, Lin.), espèce qui existe aussi dans toutes les grandes montagnes du midi de l'Europe, et principalement sur les rochers de Gibraltar, dont des troupes venaient souvent rôder autour de nos camps pour manger les débris des boucheries et les chevaux que nous perdions.

Voilà tout ce que je sais sur les oiseaux de la régence d'Alger ; cela se réduit à bien peu de chose, encore en dois-je la plus grande partie à la complaisance de M. Mary, pharmacien de nos hôpitaux, qui s'occupait d'ornithologie, et qui aura sans doute fait, depuis mon départ, beaucoup de découvertes qu'il publiera probablement à son retour.

MAMMIFÈRES.

Cette classe d'animaux est beaucoup mieux connue que toutes les précédentes : aussi, n'en ai-je recueilli que quelques petites espèces, d'une conservation facile, et qui m'avaient semblé nouvelles ou présenter des différences sensibles avec ce que j'avais vu jusqu'alors ; mais mes prévisions n'ont pas toutes été exactes.

Les *Chauves-Souris* que j'ai rapportées sont les mêmes que celles de France (*Vespertilio murinus*, Lin.).

Il y a une grande quantité de *Rats* et de *Souris* dans les champs et dans les habitations, et particulièrement à Alger : le faubourg de Bab-Azoun, où il y a beaucoup de boucheries et où on entrepose les immondices de la ville, en est rempli; quelques uns sont d'une grosseur extraordinaire. D'après M. Duvernoy, les souris que j'ai rapportées ne composent que deux espèces.

Mus barbarus, Lin., et *Mus sylvaticus*, Id. J'ai trouvé dans les environs d'Oran le *Gerbillus Shawii*, Duvernoy.

Le GERBOA, *Dipius sagitta*, Cuv., habite le versant Nord du petit Atlas, dans la province d'Alger; mais c'est autour d'Oran que ce charmant animal est le plus commun : les Arabes en apportaient tous les jours une grande quantité de vivans au marché, qu'ils nous vendaient un rabia boudjou (neuf sous) la paire.

J'ai rapporté à Paris trois gerboas vivans, qui étaient fort bien apprivoisés et qui ont passé l'hiver de 1831 et 1832; mais au printemps deux sont morts.

La pièce la plus intéressante de ma collection d'animaux de la Barbarie est un *Macrocélide*, genre nouveau, découvert, depuis peu d'années, par M. Smith, au cap de Bonne-Espérance, dont, jusqu'à présent, on ne connaissait qu'une seule espèce, *Macrocelides typus*, Smith, et qu'on n'avait point encore trouvé ailleurs qu'au Cap. L'individu que j'ai rapporté d'Oran, très bien conservé dans l'esprit de vin, a paru à M. Duvernoy être une espèce nouvelle, qu'il a décrite dans un mémoire récemment publié à Strasbourg, et qu'il a nommée *Macrocelides Rozeti*.

« Quant aux caractères spécifiques qui me
» paraissent distinguer notre individu des in-

» dividus du Cap, dit ce célèbre naturaliste, je
» les trouve :

» 1°. Dans des proportions différentes de plu-
» sieurs parties. Dans notre individu, la taille
» est de neuf pouces quatre lignes, y compris la
» queue, qui a juste la moitié de cette lon-
» gueur : l'espèce du Cap l'a un peu moins
» longue que le corps. La longueur de la tête
» avec la trompe, relativement au corps, est
» un peu moindre que dans l'espèce du Cap.
» Les oreilles sont plus longues et ont une
» forme plus allongée. MM. Smith et Isidore
» Geoffroy-Saint-Hilaire ne décrivent pas d'o-
» reillon ou de lobe intérieur dans la base de la
» conque, comme dans notre individu.

» 2°. Il y a également des différences dans les
» dents. Celles qui tiennent à l'écartement l'une
» de l'autre des deux incisives moyennes ou de
» la première incisive de chaque côté, qui se
» trouvent dans les individus du Cap, suivant
» M. Isidore Geoffroy-Saint-Hilaire, et aux in-
» tervalles qui existent entre les trois fausses
» molaires abnormales de la mâchoire infé-
» rieure et la deuxième incisive, tandis qu'elles
» se recouvrent sur leur bord antérieur dans
» les individus du Cap, annoncent des propor-

» tions différentes ou dans les dents ou dans les
» mâchoires.

» 3°. Enfin, les nuances du pelage nous pa-
» raissent un peu dissemblables. La couleur
» gris de souris du fond du pelage, les nuances
» de jaune sale, de roux ou de brun, qui tei-
» gnent une longueur variée du bout des poils
» de tout le dessus et les côtés du corps, servi-
» raient encore, il nous semble, à caractériser
» cette espèce. »

On ne sait encore que fort peu de chose sur les mœurs du macrocélide. Cet animal est très rare dans les environs d'Oran, où nous n'en avons trouvé que deux individus, dont un seul vivant. Il vit au milieu des broussailles, et doit probablement se retirer dans une habitation souterraine comme celui du Cap. Je ne l'ai jamais vu se tenir sur les pieds de derrière comme les gerboas ; il marche sur ses quatre pieds, en flairant avec sa trompe tous les objets qui se trouvent sur son passage. Il est extrêmement doux et point du tout sauvage : celui que nous avons gardé vivant pendant quelque temps restait volontiers sur la main ; il se promenait tranquillement sur une table autour de laquelle huit personnes étaient assises, en mangeant les petits morceaux de pain et de fruit qu'on lui donnait. Je l'ai vu boire du vin dans la main du colonel Lefol, en lapant comme les chiens. Celui-ci est le seul que j'aie jamais vu vivant; il appartenait à un soldat, qui le perdit peu de temps après nous l'avoir montré; en sorte que je ne pus pas observer assez long-temps ses habitudes. L'individu que j'ai envoyé au Musée de Strasbourg avait été pris par une vipère qui se sauvait avec pour le manger, lorsqu'un de mes soldats la tua, et nous eûmes ainsi une double proie.

La *Genette de Barbarie* (*Genetta afra*, Cuv.) est assez commune dans les environs d'Alger. J'en ai rapporté une peau très bien préparée par M. Mary.

Les *Lièvres* que nous avons tués à la chasse, ainsi que tous ceux que j'ai vu apporter par les Bedouins aux marchés d'Alger et d'Oran, sont de la même espèce que les nôtres, *Lepus timidus*, Lin.; mais ils sont un tiers plus petits. Ces animaux sont extrêmement nombreux dans la plaine de la Métidja et les collines qui la bordent au Nord. Il doit probablement aussi y exister des lapins; mais je n'en ai jamais vu, non plus que dans tout le terrain que j'ai parcouru dans le voisinage de la ville d'Oran.

ANIMAUX FÉROCES.

Les grands animaux féroces qui habitent la Barbarie sont très bien connus : ce sont des *Lions,* des *Tigres,* des *Léopards,* des *Loups* et des *Chacals.* Les lions, les tigres et les léopards ne se montrent jamais dans les environs d'Alger; ils restent dans les montagnes du petit Atlas, où ils n'habitent que de grandes forêts peu fréquentées par les hommes; cependant ils viennent quelquefois jusqu'aux portes d'Oran. Dans cette province, on les rencontre souvent au milieu des plaines et dans les montagnes qui bordent la côte; celle que les marins français nomment *Mont Saint-Augustin,* et qui se trouve sur la côte, à trois lieues à l'Est d'Oran, est appelée par les Arabes *Montagne des Lions,* parce qu'elle est habitée par ces animaux. Les Arabes et les Berbères font la guerre aux trois espèces de bêtes féroces dont je viens de parler, pour avoir les peaux qu'ils vendent fort cher; ils les tuent à coups de fusil et leur tendent aussi des piéges. Ces animaux ne sont pas très nombreux ; on en voit beaucoup moins que de loups dans nos départemens du centre de la France : les chasseurs sont obligés de chercher long-temps avant de découvrir le lieu de leur habitation, et d'épier ensuite le moment favorable pour les tuer.

Les *Loups* de Barbarie ressemblent beaucoup à ceux de l'Europe; mais ils sont plus petits, très peu nombreux, et les Bedouins n'en attrapent presque jamais.

Le *Chacal* est l'espèce de bête fauve la plus commune sur la côte Nord de l'Afrique : cet animal est beaucoup moins à redouter que les lions, les léopards, etc.; mais il est plus vorace et plus entreprenant : tous les soirs, peu après le coucher du soleil, nos camps, malgré le grand nombre des feux qui les illuminaient, étaient entourés par des bandes de chacals, qui, pendant toute la nuit, faisaient retentir les airs de leur voix glapissante. Ces animaux dévoraient, avec une promptitude vraiment extraordinaire, les cadavres des chevaux morts; ils fouillaient aussi les fosses pour en arracher les corps des soldats tués en combattant : il nous est souvent arrivé, en repassant sur les champs de bataille, vingt-quatre heures seulement après en être partis, de trouver les corps arrachés de terre et horriblement mutilés ; en plein jour, j'ai vu des chevaux dévorés presqu'aussitôt qu'ils étaient tombés. Cette voracité du chacal pourrait faire croire qu'il est extrêmement dangereux pour les troupeaux : eh bien! non : il n'attaque jamais les animaux vivans, pas même les moutons. Les Arabes laissent leurs troupeaux dans les champs le jour et la nuit, sous la garde d'un seul homme et de quelques chiens, et les chacals ne les attaquent jamais; mais ils rôdent continuellement autour, en aboyant par intervalles, pendant la nuit, et aussitôt qu'il meurt quelque bétail ils se jettent en foule dessus et le dévorent. Dans la journée, les chacals fuient les habitations, et aussitôt qu'ils aperçoivent un homme, ils se sauvent à toutes jambes; mais, dans les ténèbres, rien ne les épouvante ; ils viennent rôder autour des maisons et y entrent toutes les fois qu'ils peuvent. J'ai habité, pendant quelques jours, avec un détachement du 15ᵉ régiment de ligne, une maison située sur le mont Bou-Zaria, autour de laquelle les chacals venaient aboyer tous les soirs ; ils entraient dans la cuisine par un trou et mangeaient tout ce qu'ils trouvaient. Les chacals sont très difficiles à prendre et à tuer ; les Arabes en attrapent cependant quelques uns, qu'ils viennent vendre au marché d'Alger.

Les *Sangliers* sont très communs dans toutes les parties de la régence d'Alger, où ils peuvent se propager très facilement ; car les habitans, qui n'en mangent jamais, ne leur font pas la guerre. Il y a beaucoup de forêts et de vastes étendues de terrain couvertes de broussailles dans lesquelles ils peuvent vivre en toute sécurité : il n'est pas rare de voir, au mois de mai, des *Laies* se promener dans la campagne avec dix ou douze *Marcassins*. Quand nous fûmes maîtres d'Alger, les Bedouins, sachant que nous mangions du porc, firent la chasse aux sangliers et en tuèrent plusieurs, qu'ils amenèrent au marché. J'en marchandai un jour un fort beau qui pouvait peser 100 kilogrammes ; l'Arabe m'en demanda dix soudi-boudjoux (37 fr. 20 c.). En passant dans la plaine avec l'armée, nous vîmes un berger qui avait apporté sur le chemin un sanglier de moyenne grosseur, qu'il offrait à tout le monde sans pouvoir le vendre ; enfin, il le donna pour un réal boudjou (1 fr. 85 c.). En Barbarie, la chair du sanglier est moins ferme et moins agréable au goût que dans nos contrées ; cependant elle est encore bonne à manger.

Quoiqu'il y ait beaucoup de sangliers dans les environs d'Alger, on ne s'aperçoit pas qu'ils labourent la terre et commettent des dégâts dans les champs, comme cela se voit dans la Bresse et plusieurs autres parties de l'intérieur de la France. Je n'ai pas remarqué que les Algériens employassent à quelqu'usage la peau du sanglier.

Le *Porc-épics* est au moins aussi commun que le sanglier ; il fait beaucoup de ravages dans les jardins et dans les champs. Les Maures, les Arabes et les Berbères lui font la chasse pour le détruire et ils en mangent quelquefois. Pendant mon séjour à Alger, on en vendait beaucoup au marché ; un très beau porc-épics coûtait un réal boudjou et même quelquefois deux. Ces animaux doivent perdre leurs piquans à certaines époques de l'année ; car nous en rencontrions en très grande quantité dans les champs.

Le *Hérisson*. J'ai trouvé dans les environs d'Alger la même espèce de hérisson qu'en France (*Erinaceus europæus*) ; seulement les individus que j'ai vus m'ont paru être un peu plus gros que les nôtres : ils ont, du reste, les mêmes habitudes et se nourrissent absolument de la même manière. Ce genre de pachydermes est beaucoup moins nombreux que les sangliers et les porcs-épics; on le trouve, assez rarement, dans les broussailles et dans les haies.

La *Gazelle*. Ce charmant quadrupède habite les montagnes du petit Atlas, depuis la régence de Tunis jusqu'à l'empire de Maroc; c'est l'*Antilope dorcas*, Lin., dont on peut distinguer trois variétés : *celle d'Alger* est de couleur fauve, blanche sous le ventre, sans taches noires sur les flancs, elle a les cornes lisses ; *celle d'Oran* n'en diffère que parce qu'elle a le long des flancs deux bandes noires étroites, plus ou moins obliques; *celle de Tunis* a les bandes noires, comme celle d'Oran ; mais, en outre, ses cornes sont contournées en spirale. Quant à la taille, elle est à peu près la même dans les trois variétés; celle d'Alger est peut-être un peu plus petite que les deux autres.

Les gazelles sont extrêmement communes dans le Nord de l'Afrique ; les Turcs et les Maures en avaient beaucoup dans leurs maisons de campagne : c'est un animal doux et très facile à apprivoiser. Six mois après notre entrée à Alger, les Arabes et les Berbères en amenèrent un grand nombre; mais comme les officiers français en achetaient beaucoup, elles furent toujours fort chères. Une gazelle vivante se vendait six et sept soudi-boudjoux, jusqu'à 26 fr. Les Arabes les mangent; ils en apportaient quelquefois au marché, auxquelles ils avaient coupé le cou. Nous en avons acheté et fait rôtir, mais la chair en est extrêmement fade et peu nourrissante. Les gazelles ont une souplesse et une gentillesse dans les mouvemens qui font que l'on prend beaucoup de plaisir à les voir s'ébattre au milieu de la campagne, et même lorsqu'elles sont renfermées dans l'enceinte d'un jardin. Leurs yeux sont magnifiques, et le jeune Arabe amoureux, qui vante dans ses chansons les charmes de celle qu'il aime, ne manque jamais de dire qu'elle a des yeux de gazelle.

Les *Singes* que j'ai vus dans la Barbarie, aussi bien à Oran qu'à Alger, appartiennent à deux genres : les *Magots* et les *Malbroucks*; les magots sont de la grande espèce, sans queue. Je n'ai pas assez étudié les autres pour savoir si on peut y distinguer plusieurs espèces ; mais je suis porté à croire qu'il n'y en a qu'une.

Les singes habitent de préférence dans les forêts du petit Atlas ; mais ils descendent aussi dans les plaines et ils viennent même jusque sur la côte ; nos soldats en ont pris quelques uns dans les broussailles de la pointe Pescade, sur le bord de la mer, à une lieue seulement d'Alger.

Je ne crois pas que les Musulmans aiment beaucoup les singes, car je n'en ai jamais vu chez eux ; mais les Arabes et les Berbères, ardens à faire argent de tout, en prenaient en grand nombre et nous les apportaient. Ils les donnaient souvent à très bon marché, en sorte que plusieurs de nos soldats en achetaient et s'amusaient à les instruire. Tout le monde connaît l'intelligence des singes et leur habileté à répéter ce qu'ils voient faire ; les soldats de l'armée d'Afrique avaient su mettre à profit ces heureuses dispositions, et leurs singes étaient certainement plus avancés en civilisation que les Bedouins qui commerçaient tous les jours avec nous.

Ici, se borne l'énumération des animaux sauvages que j'ai eu occasion d'observer en Barbarie : il en existe encore beaucoup d'autres espèces dont j'aurais pu parler en compilant les auteurs qui les ont décrites ; mais, je le répète encore, mon but n'est pas de faire une description complète ;

je ne veux et ne dois parler que de ce que j'ai vu.

Je vais maintenant m'occuper des animaux domestiques, décrire les différentes espèces, dire l'emploi qu'on en fait et les améliorations qu'on pourrait apporter dans la manière de les soigner et de les employer aux divers usages de la vie ainsi qu'aux travaux de l'agriculture.

CHAPITRE XI.

ANIMAUX DOMESTIQUES.

Oiseaux de basse-cour. Tous les peuples de la régence d'Alger élèvent une grande quantité de *Poules* d'une espèce peu différente de la nôtre. Ils mangent les œufs et les poulets, mais ils ne connaissent pas l'art de faire les *Chapons*. Ils n'ont ni *Canards* ni *Oies;* ce qui tient probablement à la rareté de l'eau et aux fortes chaleurs. Dans les grandes maisons, j'ai vu des *Pintades* et quelques *Paons,* mais jamais de *Dindes.*

Les *Pigeons bisets,* les mêmes que nous avons vus sauvages dans les rochers des montagnes et ceux des falaises de la mer, vivent aussi à l'état domestique. On trouve un pigeonnier dans presque toutes les maisons; mais les Algériens ne mangent pas les pigeons, ils les regardent comme des oiseaux sacrés, et ils ne les ont chez eux que pour attirer les bénédictions du ciel sur leurs demeures. Ils agissent de même à l'égard des cigognes : en cela, ils s'accordent avec les habitans de nos provinces septentrionales ; mais les hirondelles, qui sont respectées dans presque toute la France, ne m'ont pas paru jouir du même avantage de l'autre côté de la Méditerranée.

J'ai vu des pigeons blancs avec quelques petites plumes sur les pattes; mais je n'ai pas retrouvé en Barbarie cette grosse espèce que nous appelons *Pigeons pattus*.

Les *Chats*. L'espèce de chat domestique de la régence d'Alger est la même que la nôtre. Les Maures et les Arabes aiment beaucoup ces animaux ; ils ne les frappent jamais et recommandent bien à leurs enfans de ne point leur faire de mal. Je crois qu'ainsi que les Égyptiens, ils les regardent comme des animaux sacrés, et qu'ils leur rendent une espèce de culte ; mais il pourrait bien se faire aussi que leur vénération ne provînt que des services qu'ils leur rendent en détruisant les rats qui sont en très grand nombre dans les lieux habités ; ce qui me paraît prouver en faveur de cette dernière opinion, c'est que j'ai vu quelquefois dix chats dans la même maison.

Les *Chiens* sont au moins aussi nombreux que les chats, surtout dans la campagne, et particulièrement chez les tribus nomades. L'espèce de chien la plus commune est de taille moyenne, à poil lisse; le corps est long et fluet, le museau pointu, les oreilles droites et la queue très longue. Sa couleur la plus ordinaire est le jaune pâle et le blanc; on voit cependant aussi quelques chiens tachetés, mais presque jamais de noirs.

Il existe encore une autre espèce de chien, à poil long et un peu frisé, qui se rapproche beaucoup de son analogue en Europe. Les individus de celle-ci ont le museau plus grand et le corps plus allongé que ceux de l'autre; ils paraissent être moins sauvages : ce sont les seuls que j'aie vus venir nous caresser; les autres se sauvaient en criant lorsque nous les appelions ou que nous approchions d'eux.

Chaque chef de famille arabe a toujours plusieurs chiens, qui font la garde autour de sa tente et l'accompagnent dans ses expéditions. Si vous venez au milieu des tentes sans être accompagné d'un naturel, vous courez grand risque d'être dévoré par les chiens, quelque bien armé que vous soyez : ils se jettent sur vous de tous les côtés, et il est impossible de leur résister. Quand les Arabes vont à la guerre, leurs chiens les suivent ; ce qui fait que, dans les camps, il y a beaucoup plus de chiens que d'hommes. Ceux de chaque individu font la garde autour de la tente de leur maître : ce sont les seules sentinelles du camp, et même, en face de l'ennemi, les guerriers arabes dorment profondément pendant toute la nuit, en se reposant sur leurs chiens pour leur donner l'alerte en cas d'attaque.

Lorsque nous marchions contre Alger, l'ennemi s'était retranché sur des hauteurs qui dominent une vallée qu'il avait su mettre entre lui et nous, et dont il défendit courageusement le passage pendant quatre jours. Dans la nuit du cinquième, nos bataillons massés se portèrent en silence sur les positions des Algériens : tout dormait, chiens et hommes ; la déroute fut complète, le château de l'Empereur investi dans la journée, et Alger ouvrit ses portes cinq jours après.

Les *Porcs*. Les Musulmans ni les Juifs ne mangeant de la viande de porc, les Algériens n'en élèvent point. Vers la fin de mon séjour à Alger, j'en ai cependant vu quelques uns d'une couleur noire, avec les jambes très courtes et le corps rond ; mais je présume qu'ils avaient été apportés d'Espagne.

Les *Chèvres* que j'ai vues dans les environs d'Alger sont d'une autre espèce que celles de la Provence et de l'intérieur de la France : elles sont beaucoup plus petites, presque toujours de couleur noire ; leurs oreilles sont longues et pendantes, elles ont les jambes courtes et un cri extrêmement désagréable. On rencontre quelques troupeaux de chèvres sur les versans du petit Atlas et dans la plaine de la Métidja ; mais ces animaux ne sont pas très nombreux dans la portion de la Barbarie que j'ai parcourue.

Les *Moutons*. L'espèce de mouton la plus commune dans la régence d'Alger diffère peu de la petite espèce que l'on trouve dans toute la France, et particulièrement dans la Bourgogne, la Comté et les Ardennes ; mais il y en a une autre plus grande, et dont la laine est longue et belle. Je n'ai point vu à Alger de ces moutons à grosse queue, qui sont si communs dans le royaume de Tunis, et que l'on estime tant à cause de la qualité de leur laine.

Les Berbères et les Arabes élèvent une très grande quantité de moutons; on en voit des troupeaux immenses paître, pendant toute l'année, sur les montagnes et dans les plaines. Ces peuples en mangent la chair et ils en boivent le lait, mais c'est particulièrement pour leur laine qu'ils les ont; ils en ramassaient une grande quantité, avant notre arrivée en Afrique, qu'ils étaient obligés d'apporter dans les magasins du dey ou des beys, suivant la province. On la leur payait ce que le maître fixait. Nous reviendrons là dessus, en parlant du pouvoir du Dey d'Alger et de celui de ses lieutenans.

Avant l'arrivée de l'armée française, les moutons étaient à très bon marché dans toutes les parties de la régence; après la bataille de Staoueli, les Arabes nous en vendirent à 1 fr. 85 c. et même à 1 fr. 35 c. la pièce. Six mois après notre entrée à Alger, on les avait encore pour un Soudi-boudjou (3 fr. 72 c.). De toutes les viandes de Barbarie, c'est la chair du mouton qui m'a paru préférable; les Arabes et les Maures en font grand cas. Dans la classe commune, on n'en mange qu'aux jours de fête; mais les gens aisés en ont presque tous les jours sur leur table. Le mouton, cuit avec du couscoussou, est le plat le plus recherché par les Algériens : nous en parlerons ailleurs.

Les laines d'Afrique sont beaucoup plus estimées que les nôtres. Si l'on parvient jamais à avoir des relations suivies et amicales avec les peuplades du petit Atlas et celles plus avancées dans l'intérieur du pays, les laines pourront devenir une branche de commerce extrêmement importante.

Les *Vaches*. Toutes celles que j'ai vues sont beaucoup plus petites que les nôtres ; elles ressemblent assez à une petite espèce qui est très commune dans la Bourgogne ; mais celle d'Afrique a les jambes beaucoup plus courtes. Ces vaches ont le pis très petit et généralement flasque ; quoiqu'elles parcourent d'excellens pâturages pendant sept mois de l'année, elles n'ont jamais que très peu de lait. Le beurre que l'on fait avec est blanc et presque sans goût ; le lait est cependant assez bon ; mais pour le trouver tel, il faut le boire en sortant du pis de la vache. Les Arabes l'apportent au marché, dans des vases en terre, bouchés avec des feuilles de lentisque, ou dans des peaux de chèvre et de mouton qui n'ont point été passées. Non seulement il prend un mauvais goût, mais encore, comme il fait très chaud, il s'aigrit toujours en route. Cela n'empêche pas que tous les naturels le boivent avec un plaisir inexprimable : on voit aux coins des rues et sur les places, dans les villes, des Arabes et des Berbères accroupis à côté d'une peau de chèvre pleine de lait, avec un petit vase en terre à la main, qu'ils remplissent à chaque instant pour donner à boire à tous les passans, moyennant deux *Aspres-chiques*, environ un centime.

Les Algériens ont de très grands troupeaux de vaches, qui paissent, dans toutes les saisons, au milieu des plaines, sur les collines et les plateaux. Quelque nombreux qu'il soit, il est rare qu'un troupeau soit gardé par plus de trois hommes, toujours armés d'un fusil, ayant avec eux jusqu'à douze chiens et même plus. Les Maures, les Arabes et les Berbères tuent quelquefois des vaches et des bœufs ; mais la viande de ces animaux n'est pas aussi estimée que celle du mouton.

Les *Bœufs* de la Barbarie sont généralement plus petits que les nôtres ; j'en ai cependant vu quelques uns aussi gros, mais je crois qu'on peut les considérer comme des phénomènes dans l'espèce : ordinairement les plus beaux bœufs gras ne pèsent pas au delà de deux cents kilogrammes. La viande de bœuf est de médiocre qualité : celle que j'ai mangée m'a toujours semblé un peu fade. Les Arabes et tous les autres peuples de l'Atlas nourrissent beaucoup de bœufs, qu'ils font paître avec les vaches, quoique le plus grand nombre ne soit pas coupé.

Les vaches et les bœufs sont employés aux travaux de l'agriculture ; on attelle souvent à la même charrue un bœuf et une vache. Dans la province d'Oran, on leur fait porter des fardeaux sur le dos, absolument comme aux ânes et aux mulets, et c'est probablement ce qui a fait dire à plusieurs voyageurs qu'il existait dans la régence une espèce de mulet provenant d'un âne et d'une vache. J'ai lu quelque part que ce mulet, nommé *Kumrah*, avait la peau plus lisse que l'âne, la tête et la queue de la vache, mais point de cornes. L'auteur ajoute que c'est une bête de somme dont on fait un très grand usage. Je suis resté pendant seize mois dans la régence d'Alger, et malgré toutes mes recherches, je n'ai jamais pu parvenir à voir un seul de ces animaux, tant dans les environs d'Alger que dans ceux d'Oran. Les Maures et les Juifs, à qui j'en ai parlé plusieurs fois, m'ont dit ne les pas connaître, et je crois qu'il n'en existe point; c'est un des nombreux contes faits par les auteurs qui ont écrit sur les contrées septentrionales de l'Afrique.

Les *Ânes* de Barbarie sont absolument les mêmes que les nôtres, et on les emploie aux mêmes usages. Il faut qu'un Maure soit bien pauvre pour ne pas avoir un âne, dont il se sert pour porter des fardeaux et monter dessus lorsqu'il va dans la campagne ou qu'il vient à la ville, s'il habite dans les champs, quand même il n'y aurait que pour un quart d'heure de chemin. Les Juifs ont aussi beaucoup d'ânes; les Arabes s'en servent très peu, ils les remplacent par des chevaux et des chameaux.

Les *Mulets* sont aussi beaux que ceux de la Provence ; ils ont le corps bien fait, la tête élevée et les jambes fines. Les Maures et les Juifs s'en servent souvent pour monture; on les emploie aussi pour porter des fardeaux. A cette fin, on leur met sur le dos (comme du reste en Provence), un gros bât, auquel on suspend deux paniers faits en feuilles de dattier. Quoique les Algériens ne soignent pas mieux leurs mulets que les autres animaux, et qu'ils leur donnent une nourriture très frugale, ils se portent cependant toujours parfaitement bien ; ils ont le poil fin et beaucoup d'activité. Ces animaux ont le pied très sûr, aussi s'en sert-on beaucoup pour voyager dans les montagnes. C'est presque toujours avec des mulets que les Maures et les Juifs entreprennent leurs voyages, et quand ces peuples vous parlent d'une journée de marche, vous pouvez entendre le chemin qu'un mulet peut parcourir depuis le lever du soleil jusqu'à son coucher : ce qui doit être évalué, en plaine, à douze lieues de cinq mille mètres chacune.

Le *Chameau*. Si l'on classait les animaux d'après l'utilité dont ils sont à l'espèce humaine, dans presque toute l'Afrique le chameau devrait être mis avant tous les autres : il supporte la fatigue avec une constance vraiment extraordinaire, il est très sobre : de l'herbe, un peu d'orge, des fèves et quelques morceaux de pain suffisent à son existence ; il peut se passer de boire pendant sept ou huit jours ; ce qui le rend extrêmement précieux pour voyager dans le désert, où il porte sur son dos l'eau nécessaire à toute la caravane, sans presqu'en diminuer la quantité par sa consommation. Cet animal marche très vite et long-temps ; chargé de six à sept quintaux, il peut faire jusqu'à quinze lieues par jour sans boire ni manger. Les Arabes élèvent une grande quantité de chameaux ; on en trouve beaucoup dans la plaine de la Métidja et sur le versant du petit Atlas. Après leur avoir ôté les fardeaux, ils les lâchent et les laissent paître autour de leurs cabanes, sans s'en occuper davantage, jusqu'à ce qu'ils veuillent s'en servir : alors ils les reprennent, leur mettent le bât sur le dos et partent avec eux. Les chameaux des environs d'Alger sont magnifiques.

Le *Dromadaire*, que les Maures appellent *Machary*, n'est pas à beaucoup près aussi commun que le chameau ; cependant, on en voit encore un assez grand nombre. A la bataille de Staoueli, les Algériens en abandonnèrent près de deux cents dans leur camp. La vitesse du dromadaire est encore plus considérable que celle du chameau ; les Arabes prétendent qu'un dromadaire fait plus de chemin dans un seul jour que le meilleur cheval en trois. Cet animal est plus petit que le chameau ; il a le corps mieux fait et une seule bosse sur le dos.

Les Algériens emploient les chameaux et les dromadaires uniquement pour porter des fardeaux. Je n'en ai jamais vu d'attelés à la charrue ; quant aux voitures, elles étaient inconnues en Barbarie avant notre arrivée.

Lorsque les Arabes veulent se servir des chameaux, ils vont les chercher dans les pâturages, et les amènent devant la tente. Là, ils les font coucher sur le ventre, en ployant les quatre jambes, et pour y parvenir il leur suffit de frapper quelques coups avec une petite baguette sur celles de devant. Quand les chameaux ont pris cette posture, ils se laissent charger sans bouger, et attendent pour se lever que le maître, après être monté sur l'un d'eux, ait donné le signal du départ : alors, ils se mettent en marche à la suite les uns des autres, et obéissent à la voix du conducteur monté sur le dernier. Les Arabes mettent quelquefois un licou aux chameaux ; mais la plupart du temps ils négligent cette précaution, et étant montés dessus, ils les conduisent avec une petite baguette, dont ils leur donnent quelques coups sur la tête. Arrivé au point fixé, l'Arabe frappe avec sa baguette sur les jambes de ses chameaux; ils se mettent tous sur le ventre, et attendent patiemment qu'on veuille bien les décharger ; j'en ai vu souvent, au marché de Bab-Azoun, rester pendant plusieurs heures dans cette position.

Les habitans de la campagne se réunissent quelquefois, en très grand nombre, avec leurs chameaux, pour venir au marché, et forment ainsi des caravanes dont la vue est vraiment magnifique : je ne connais rien de plus imposant qu'un bel Arabe, drapé élégamment de son Haïk, que fixe autour de sa tête un triple cordon de laine brune, monté sur un chameau, marchant à grands pas, et qu'il dirige avec une longue baguette blanche.

Les allures du chameau sont le pas, l'amble, le petit et le grand trot; mais il ne galope jamais. D'après ce que nous venons de dire, il semblerait que cet animal est très facile à conduire; il n'en est cependant pas ainsi : il faut de la douceur et une grande habitude pour y parvenir. Ceux que nous prîmes à la bataille de Staoueli furent distribués à l'armée, pour être employés au transport des vivres et des bagages ; eh bien! nos soldats ne purent jamais venir à bout de les faire marcher : ils les attachaient avec des cordes et les rouaient de coups ; ces malheureux animaux se jetaient à terre et poussaient des cris assez semblables à ceux du cochon. Quand on les lâchait, ils se sauvaient à toutes jambes et on avait beaucoup de peine à les reprendre. Je vis un jour un chameau chargé, que des soldats avaient laissé échapper, courir de toutes ses forces, mettre la tête à terre, lancer une ruade et se débarrasser ainsi de son fardeau. Les cantinières, auxquelles on avait donné des chameaux, en tirèrent beaucoup mieux parti que les soldats ; j'en ai connu plusieurs qui s'en servaient avec autant d'habileté que les Arabes.

Le chameau sera d'un grand secours dans nos établissemens d'Afrique ; on peut l'employer à tous les genres de transport, et principalement pour approvisionner les postes qu'on sera forcé d'établir sur le versant Nord du petit Atlas pour se rendre maître de la Métidja. Il offre deux grands avantages sur tous les autres animaux : il est extrêmement fort et ne coûte rien à nourrir.

Le *Cheval.* Si le chameau est l'animal le plus précieux de la Barbarie, le cheval est le plus beau et celui que les naturels estiment davantage. On sait que les cavaliers numides, qui faisaient la force des armées africaines, n'étaient si redoutables qu'à cause de l'excellence de leurs chevaux. Ceux de Barbarie ont peut-être un peu dégénéré depuis les temps antiques ; mais ils sont encore excellens : les Berbères, que nous avons combattus dans les environs d'Alger et au milieu des montagnes de l'Atlas, étaient tous montés sur de superbes chevaux, avec lesquels ils franchissaient les vallées et les montagnes où notre infanterie avait beaucoup de peine à marcher. Les Arabes de la plaine et ceux qui habitent les collines du bord de la mer ont aussi de très beaux chevaux ; mais ils sont, je crois, inférieurs à ceux des Berbères.

Le *Cheval de Barbarie* n'est pas de race arabe pure, mais il en approche beaucoup : il a la tête petite et bien faite, l'oreille élevée et bien coupée, le cou peu chargé de crin, l'encolure allongée, les épaules légères et plates, le garrot menu, les reins courts et droits, les flancs ronds, sans beaucoup de ventre, les hanches bien effacées, la croupe un peu longue, les jambes fines et couvertes d'un poil fin, le pied très bien fait, mais le paturon un peu long. La couleur du poil varie ; dans les environs d'Alger cependant, la plaine de la Métidja et le petit Atlas, le gris et le blanc sont les couleurs dominantes ; à Oran, c'est le bai-brun et le noir. Les chevaux de cette province sont plus estimés que ceux d'Alger ; ils sont généralement plus grands et ont les allures plus élégantes. La taille ordinaire des chevaux d'Alger est de 1™,45; ils vont rarement à 1™,5o. Quoiqu'ils soient légers, et qu'ils courent avec beaucoup de vitesse, ils sont cependant paresseux et ont besoin d'être stimulés ; cela tient peut-être aussi à la manière dont ils sont conduits. La selle des Arabes est tout à fait la même que celle des Turcs ; elle porte deux étriers rectangulaires extrêmement lourds, et dont les angles sont aigus ; la bride, pour les courroies, est faite de la même manière que les nôtres, mais le mors est un anneau de fer dont la partie qui entre dans la bouche, porte un bras de levier qui vient s'appuyer contre le palais quand le cavalier marque un temps d'arrêt. Celui-ci a pour éperons deux longues broches en fer, légèrement recourbées aux extrémités, avec lesquelles il peut piquer doucement le ventre du cheval; mais s'il n'obéit pas, il lui enfonce ces broches dans le ventre et l'animal part aussitôt. La construction du mors permet au cavalier d'arrêter son cheval tout court, même au grand galop : dans les premiers momens de notre arrivée en Afrique, nous étions très étonnés de voir les cavaliers algériens lancer leurs chevaux à toute bride contre nous, les arrêter court à portée de fusil, tirer, faire demi-tour aussitôt et fuir au galop en se couchant dessus ; mais notre étonnement cessa quand nous eûmes examiné leurs brides et leurs éperons.

Les chevaux algériens n'ont que deux allures, le pas et le galop : le trot et l'amble leur sont inconnus. Leur pas est si allongé, qu'il faut qu'un homme soit très bon marcheur pour le suivre ; leur galop a la rapidité de l'éclair : c'est quelque chose de beau et d'effrayant que de voir un cavalier arabe ou berbère fuir au milieu des broussailles et des précipices.

Les Maures, les Arabes et les Berbères soignent assez mal leurs chevaux ; ils les font paître dans toutes les saisons, et quand ils les ramènent chez eux, ils leur donnent de l'orge et un peu de mauvaise paille. Ils ne les étrillent jamais et les lavent fort rarement ; cependant ils ont toujours le poil extrêmement fin et se portent bien, sans être gras. On leur teint souvent les flancs et les jambes avec de l'ocre jaune : c'est une parure ; quand les tribus sont réunies, il n'y a que les chevaux des chefs qui soient ainsi décorés.

Les Algériens élèvent beaucoup de chevaux,

qu'ils se vendent entr'eux, et aux Français depuis que nous sommes en Afrique. En 1831, on avait un fort beau cheval pour 100 soudi-boudjoux (372 fr.); mais les jumens étaient hors de prix : les propriétaires refusaient même presque toujours de les vendre. Chaque chef de famille arabe ou berbère a au moins un cheval ; quand il en a plusieurs, celui qu'il monte pour aller à la guerre captive toute son amitié : il l'aime mieux que sa femme ; il en parle à tous ceux qui veulent l'écouter, raconte ses exploits et sa généalogie. C'est un grand honneur pour un Arabe d'avoir un cheval qui descend en ligne directe de tel père ou de telle mère, et c'est pour le prouver qu'il conserve très soigneusement sa généalogie par écrit.

Certains Arabes passent plus de temps avec leurs chevaux que dans le sein de leur famille ; ils les aiment réellement, et leur attachement pour eux est poussé à un tel point qu'ils leur pendent au cou, comme au leur propre, des amulettes, pour les préserver de certains maux et de la méchanceté des esprits malins.

Dans la régence d'Alger, quelques uns des chevaux les plus mauvais sont employés à porter des fardeaux et à labourer la terre ; mais les autres ne servent jamais que pour monter. Si, dès leur naissance, les chevaux algériens étaient soignés comme le sont les nôtres, au lieu d'être abandonnés à eux-mêmes, je suis persuadé qu'ils deviendraient superbes.

L'éducation des chevaux est une branche d'industrie qui peut devenir très lucrative pour les nouveaux colons; on aurait, dans les environs d'Alger, autant de chevaux qu'on voudrait, et en abondance tout ce qui est nécessaire pour les nourrir. Ces chevaux se vendraient très bien en Europe : je présume qu'ils s'y acclimateraient parfaitement; car ils vivent dans le voisinage de Médéya, dont la température diffère peu de celle de nos contrées. Ces chevaux sont beaucoup plus vifs que les nôtres; dressés dès leur jeunesse, ils prendraient toutes sortes d'allures : ce seraient de fort jolis chevaux de main, et il y aurait un grand avantage à monter notre cavalerie avec eux; mais ils sont trop délicats pour faire des chevaux de trait ou pour les employer aux travaux de l'agriculture.

Je termine l'histoire des animaux par celle du cheval, parce que c'est lui qui est le plus immédiatement en contact avec l'homme dans le pays que je décris. L'Arabe et le Berbère sont plus attachés à leurs chevaux qu'à leurs femmes : une grande partie des Bédouins passent leur temps à soigner et contempler ces animaux, tandis que leurs épouses sont occupées aux plus rudes travaux ; et le soir, quand elles rentrent sous la tente ou dans la cabane, elles sont encore souvent obligées de moudre le grain et de faire la galette pour le souper de leur mari. Maintenant, je vais donner l'histoire, les caractères physiques, les mœurs et coutumes des différentes variétés de l'espèce humaine, que j'ai pu observer moi-même dans les États barbaresques.

FIN DU TOME PREMIER.

TABLE DES MATIÈRES

DU

PREMIER VOLUME.

	Pages.
Avertissement de l'auteur.........	v
Préface.................	vii

CHAPITRE PREMIER.

| Aspect du pays............. | 3 |

CHAPITRE II.

Rivières.............	12
Hamise (l')...........	13
Arrach (l')..........	*Ib.*
Rivière de Bou-Farick.......	14
Chiffa (la)..........	*Ib.*
Afroun (l')...........	15

	Pages.
Ouadjer (l').	15
Mazafran (le).	16
Ruisseau d'Oran.	18
Lacs.	19

CHAPITRE III.

Géologie d'Alger.	21
Terrain secondaire.	22
Lias (Formation du)	*Ib.*
Cuivre dans le lias.	25
Terrain tertiaire subatlantique.	27
Terrain de transition.	34
Schistes.	*Ib.*
Calcaire gris et blanc.	35
Gneiss.	39
Porphyre trachitique	42
Terrain diluvien.	44
Marne rouge.	47
Travertin.	49
Terrain post-diluvien	50
Dunes.	*Ib.*

CHAPITRE IV.

Puits artésiens.	52

CHAPITRE V.

	Pages.
Géologie d'Oran..	56
Schistes.	57
Dolomies.	59
Terrain tertiaire d'Oran.	63
Terrain diluvien	68
Terrain post-diluvien.	69
Puits artésiens.	70

CHAPITRE VI.

Conclusions générales d'après les faits géologiques.	71
Soulèvement des montagnes.	75

CHAPITRE VII.

Climat et météorologie.	79
Tableau des observations météorologiques faites à Alger.	83
Observations météorologiques faites dans la plaine de la Métidja.	134
Sur le Petit Atlas.	135
A Médéya.	Ib.
A Oran.	136

Résumé des observations météorologiques. 140
Phénomène du mirage. 141
Vent du Sud (*semoum*). 150
Saison des pluies. 151
Électricité atmosphérique. 152
Lumière crépusculaire. 154
Brouillards. 155
Taches du soleil. 158
Sphéricité de la lune. 159
Aiguille aimantée. 165
De l'air. 166

CHAPITRE VIII.

DE L'EAU. 169

De la mer. 172

CHAPITRE IX.

VÉGÉTATION. 176

Plantes de l'Europe qui vivent en Barbarie. 177
Plantes des bords de la mer et des plaines. 180
Plantes de l'Atlas. 181
Résumé botanique. 183
Le dattier. 187
Orangers sauvages. 189
Le grenadier. *Ib*.
Le myrte. 190

	Pages.
L'arbousier	190
La vigne sauvage	Ib.
L'olivier	191
Le peuplier	Ib.
L'absinthe	193
La lavande	Ib.
Les mauves	194
Les chardons	Ib.
L'acanthe	Ib.
Le henné	195
Les champignons	Ib.
Plantes d'eau douce	196
Plantes marines	Ib.
PLANTES ET ARBRES CULTIVÉS	197
Le noyer	198
Le figuier	Ib.
Le jujubier	199
Le caroubier	Ib.
Les amandiers	200
Orangers et citronniers	Ib.
Le mûrier	203
La vigne	Ib.
Vins de Barbarie	205
Le bananier	206
Arbres d'agrément	Ib.
Potagers	207
Melons et citrouilles	208
Pommes de terre	Ib.

Pages.

Céréales. 209
Agriculture. 210
Riz. 213
Prairies. . . . . *Ib.*
Observations sur les plantes cultivées en général. . 214

CHAPITRE X.

ANIMAUX. 217

Zoophytes. 218
Mollusques. 220
Céphalopodes. *Ib.*
Coquilles marines. 221
Coquilles d'eau douce. 222
Coquilles terrestres. . . . . *Ib.*

POISSONS. 226

Poissons marins. . . . . *Ib.*
Poissons d'eau douce. 229
Batraciens. 230
Reptiles. . . . . *Ib.*
Sauriens. 232
Crustacés. 234
Insectes. . . . . *Ib.*
Oiseaux. 238

MAMMIFÈRES. 243

Souris et rats. *Ib.*

DES MATIÈRES.   285

Pages.

Gerboa. 244
Macrocélide. . . . . *Ib.*
Genette de Barbarie. 247
Lièvre. . . . . *Ib.*

Animaux féroces. 248

Loups. 249
Chacals. . . . . *Ib.*

———

Sangliers. 251
Porcs-épics. 252
Hérissons. . . . . *Ib.*
Gazelles. 253
Singes. 254

CHAPITRE XI.

Animaux domestiques. 257

Oiseaux de basse-cour. . . . . *Ib.*
Chats. 258
Chiens. 259
Porcs. 260
Chèvres. 261
Moutons. . . . . *Ib.*
Vaches. 263
Bœufs. 264

	Pages
Anes..	266
Mulets.	Ib.
Chameau,	267
Dromadaire.	268
Cheval.	271
Table des matières.	279

FIN DE LA TABLE DU PREMIER VOLUME.

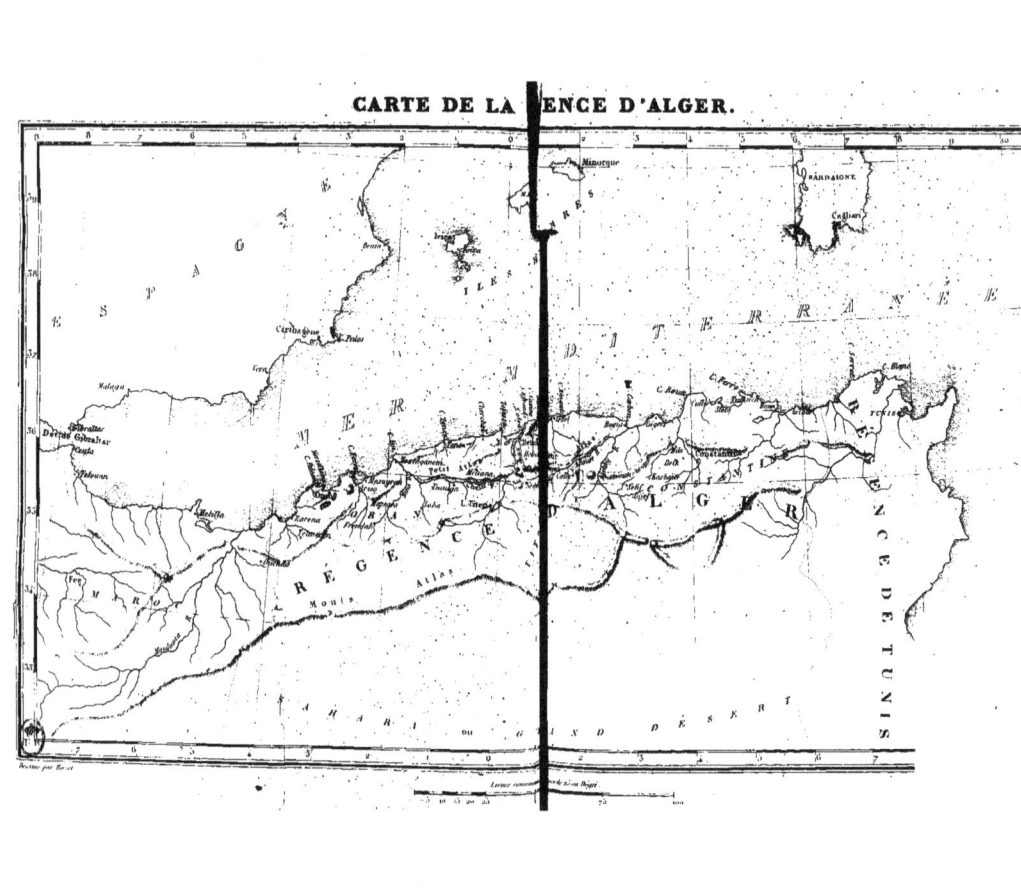

www.ingramcontent.com/pod-product-compliance
Lightning Source LLC
Chambersburg PA
CBHW071524160426
43196CB00010B/1643